ATLANTIS

# Das verborgene Wissen der Welt

BASTEI LÜBBE

ATLANTIS
wird herausgegeben von
Dr. Hans Christian Meiser

Über die Autorin:

**Penny McLean** wurde durch ihre Schutzgeister-Bücher zu einer der meist gelesenen sprituellen Autorinnen. In Seminaren, Kursen und Vorträgen, die sie in ganz Europa abhält, vermittelt sie tiefes Wissen, das zur Lebensmeisterschaft führt.
Weitere Werke sind: *Adeline und die Vierte Dimension* (1988), *Kontakte mit Deinem Schutzgeist* (1988), *Zeugnisse von Schutzgeistern* (1989), *Einsamkeit ist eine Sehnsucht* (1989), Alltag mit Schutzgeistern (1991), *Ich bin mein Schicksal* (1993) und *Wir sind an Deiner Seite* (1996). Penny McLean lebt in München.

ATLANTIS

Penny McLean

# Ein Engel für alle Fälle

## Ermutigungen der Schutzgeister für das tägliche Leben

BASTEI LÜBBE

BASTEI LÜBBE TASCHENBUCH
Band 70173

1. Auflage: März 2001

Vollständige Taschenbuchausgabe

Bastei Lübbe Taschenbücher ist ein Imprint
der Verlagsgruppe Lübbe

Originalausgabe

Umschlaggestaltung: Wustmann & Ziegenfeuter, Dortmund
Satz: Textverarbeitung Garbe, Köln
Druck und Verarbeitung: Ebner Ulm
Printed in Germany
ISBN 3-404-70173-9

Sie finden uns im Internet unter
http://www.luebbe.de

Der Preis dieses Bandes versteht sich einschließlich
der gesetzlichen Mehrwertsteuer.

# Inhalt

# Vorwort

Dieses Buch ist aus einem Experiment heraus entstanden Nach der Erkenntnis von Professor Julian Jaynes (Universität Princeton, USA) nämlich stammen die Stimmen der Engel aus unserer rechten Gehirnhälfte, welche für Kreativität, Intuition und Phantasie verantwortlich ist. Jaynes' Theorie ist, dass in archaischen Zeiten die beiden Gehirnkammern gleich gewichtet waren und sich erst aus dem Zusammenbruch der »bikameralen Psyche« das Bewusstsein des heutigen Menschen mit einer überwiegenden Betonung der linken Gehirnhälfte entwickelte, welche hauptsächlich für rationales Denken und Erleben zuständig ist. Jaynes untermauert seine These auch damit, dass in der gesamten antiken Literatur die Helden ausschließlich auf die »Stimmen der Götter« hören, ihre Taten also niemals das Ergebnis bewusster logischer Überlegungen und Entscheidungen sind. Naturvölkern ist diese Auffassung bis heute zu eigen. Kann es also sein, dass Götter und Engel einst in unserer rechten Gehirnhälfte ihren Wohnsitz hatten und wir mit ihnen problemlos kommunizieren konnten? Man hat bei hochsensitiven Menschen festgestellt, dass sie in erstaunlichem Maße »rechts« leben; dasselbe gilt für medial Veranlagte, die ihre Botschaften nicht – wie bislang angenommen – aus dem Unterbewusstsein »channeln«, sondern gewissermaßen aus einem Überbewusstsein, aus jener geistigen Sphäre, zu der nur die rechte Gehirnhälfte Zutritt hat und die letztlich alles durchdringt.

Einzig unsere falsche Rationalität verhindert eine »normale« Kommunikation mit ihr. Es scheint jedoch, dass mit der wachsenden Bewusstseinsänderung, wie wir sie gegenwärtig erleben, im Zuge eines evolutionären Schritts die Balance zwischen links und rechts wieder hergestellt werden soll.

Für dieses Buch hatten Hans Christian Meiser und ich uns vorgenommen, der rechten Hemisphäre wieder die ihr gemäße Bedeutung einzuräumen. Also versuchten wir – getrennt voneinander und nachdem wir die Begriffe festgelegt hatten, nach denen wir die Engel befragen wollten – uns mittels Meditation und Channeling in diesen geistigen Raum »einzuklinken«. Die Ergebnisse überraschten:

Denn sehr oft sprachen die »Engel« in eigentümlich antiquierter Sprache, dann aber wieder ausgesprochen modern. Oder sie mischten beides. Manches Mal waren sie frech, ein anderes Mal fast zu pathetisch. Was wir hier also wiedergeben, sind empfangene Botschaften aus einem Raum, der vergessen wurde, der aber offenkundig das Bestreben hat, erneut wahrgenommen zu werden. Und da Engel – schon ihrer Wortherkunft nach – Boten sind, scheinen sie sich wieder veranlasst zu sehen, dem Menschen etwas mitzuteilen. Oder kommen sie, um uns vor uns selbst zu retten?

Das folgende Alphabet der Engel-Worte möchte dazu anregen, den Engeln wieder den Platz einzuräumen, von dem wir sie einst vertrieben haben.

*Penny McLean*

# A

## Abenteuer

Welches ist das größte Abenteuer, das du kennst?

Du überlegst, willst Dich noch nicht festlegen?

Wir werden Dir helfen: Das Leben selber ist es.

Ein Abenteuer aber heißt nicht, sich in Gefahr begeben zu müssen, sondern meint, dem Unbekannten gegenüber stets offen zu sein.

Deshalb: Freue Dich am Bekannten, aber lerne auch, das Unbekannte zu schätzen, wenn Ihr beide aufeinander trefft. Denn nur im Unbekannten steckt die Herausforderung, die Du benötigst, um zur Weisheit zu reifen.

## Abhängigkeit

Jede Abhängigkeit wird freiwillig gewählt, freiwillig kann sie also auch wieder beendet werden.

Erkenne, dass jede Form von Abhängigkeit eine Beschneidung Deiner Freiheit ist und dass alles, das Deine Abhängigkeit verursacht hat, erst Deiner Teilnahme bedarf, um überhaupt zu existieren.

Jede Abhängigkeit ist eine Demütigung.

Bist Du nicht geboren worden, um Deine persönliche Freiheit zu erfahren, zu erleben? Ist es nicht Dein Geburtsrecht, dass Du über Deine persönliche Abgrenzung das Du und damit Dich selbst zu erfahren vermagst? Jede Abhängigkeit, in die Du einwilligst, wird zu einem Gefängnis, dessen Auflösung schwerer sein wird als seine Erschaffung.

So sei in Zukunft zugehörig, jedoch nicht abhängig, denn Zugehörigkeit gewährt Dir jegliche Freiheit der Wahl und zuletzt die Erkenntnis, die zugleich Trost ist, dass Deine einzige Abhängigkeit Deine Zugehörigkeit zu Gott ist.

## Abtreibung

Du fragst mich, ob Du ein Wunder verhindern darfst, ob Du dem Auftrag »wachset und mehret Euch« entgegenwirken darfst?

So wie die Seele ihren Willen benutzen durfte, um sich in diesem Körper, der durch Dich und Deinen Partner entstand, zu inkarnieren, so könntest auch Du Deinen Willen benutzen, um ihr Deine Bereitschaft zu signalisieren. Ihr bräuchtet keine chirurgischen oder chemischen Hilfsmittel, wüsstet Ihr von der Macht Eures Willens. Euer Wille ist ein Energiefeld, welches so stark sein kann, dass es Berge versetzen könnte, wenn Ihr es so wolltet.

Keine Seele wird sich der Eindeutigkeit einer Ablehnung entgegenstellen. Diese Eindeutigkeit aber hat nichts mit der Unwilligkeit oder dem Erschrecken über eine ungewollte Schwangerschaft zu tun, sondern mit der generellen Bereitschaft an einem göttlichen Erlösungsauftrag »teilzunehmen«.

Wärt Ihr Euch von Anfang an über die Tragweite dieses Entschlusses völlig bewusst, dann würdet Ihr auch mit dem Moment der Zeugung bewusster umgehen und dadurch in einer Entsprechung leben, welche eine Empfängnis gegen Euren Willen nicht entstehen lassen könnte.

Jedes neue Leben, das entsteht, kann dies nur in völliger Entsprechung mit der Energie seiner Eltern tun. Würdet Ihr diese Energie mit dem göttlichen Willen in völligen Einklang bringen, so wäre niemand mehr gezwungen, abzutreiben.

Niemand, der abtreibt, wird »bestraft«. Doch jeder, der abtreibt, nimmt teil an dem riesigen Kontingent »Gewalt«, das, solange es verwendet wird, nicht aufhören wird, wieder Gewalt zu erzeugen.

## Alter

Beklagt Ihr die späte Stunde eines Tages?

Verdammt Ihr die Abendstunden?

Oder ist es nicht so, dass Ihr in der Dämmerung die Ruhe und die Entspannung, welche diese Zeit Euch bietet, besonders genießt?

Habt Ihr den Tag bewusst gelebt, so werdet Ihr auch den Abend bewusst erleben, ohne den Verlust der vergangenen Stunden zu beklagen.

Jede Stunde Eures Daseins ist eine Station Eures Lebensweges, Eures Älterwerdens und Reifens. Jede Minute Eurer Zeit ist eine Maßeinheit Eurer Existenz, deren Zeitspanne Ihr selbst im Moment Eurer Geburt bestimmt habt. Jede Sekunde bringt Euch näher an das Ziel Eures Lebensweges und Euer äußerliches Altern ist nur Ausdruck dieses Ziels. Warum also trauert Ihr wegen dieser Zeichen und schätzt sie gering? Warum versucht Ihr sie zu unterdrücken oder zu vertuschen? Versucht denen nahe zu sein, deren Abschied nahe ist. Das ist die beste Vorbereitung auf das Alter.

## Arbeit

Ohne Arbeit stürbe der Mensch. Er stirbt aber auch, wenn er nichts anderes macht, als zu arbeiten. Ihr besteht aus vielen Teilen, die Arbeit ist nur einer davon.

Manchen scheint sie so wichtig, dass sie alle anderen Komponenten vergessen. Sie arbeiten, um ihr Leben besser zu gestalten. Durch die Übertreibung aber wird es eher schlechter. Sie plagen sich ab, um ein Ziel zu erreichen, das letztlich keines ist.

Andere arbeiten, um sich selbst nicht begegnen zu müssen. Sie wollen die Konfrontation mit sich vermeiden und stürzen sich in Scheinaufgaben.

Wieder andere meiden die Arbeit, weil sie sie von wichtigeren Dingen abzulenken scheint.

Wenn Du gesund sein willst, dann suche das Gleichgewicht zwischen Tat und Ruhe, Handlung und Entspannung, Wirksamkeit und Stille. Nur wenn

Du lernst, den Inhalt dieser beiden Waagschalen voneinander getrennt zu halten, wirst Du die Kraft aus der Balance zwischen diesen beiden Energien dazu verwenden können, Dein Gleichgewicht zu finden, um dadurch zu Deinem persönlichen Ziel zu gelangen: Deiner Selbst-Bestimmung. Welche Arbeit Du auch verrichtest, tue sie mit heißem Herzen, denn jede Arbeit ist ein Teil der Erschaffung Deines Selbst.

## Armut

Sag, was Du empfindest, wenn Du dieses Wort aussprichst: Armut. Ist es Angst, das Gefühl von Bedrohung, von Ausgeliefertsein an ein kärgliches Schicksal und Dasein?

Wie viele von Euch werden als reich angesehen und sind doch so arm wie Kirchenmäuse! Stelle Dir einen leeren Raum vor und dann häufe in ihm all die Dinge im Geiste an, von denen Du in Zeiten vermeintlichen Wohlstandes gemeint hast, sie besitzen zu müssen. Wie viel Unfreiheit und Abhängigkeit hast Du Dir damit gleichzeitig geschaffen!

Lege die Angst der Verarmung ab, denn die könnte als Signal verstanden werden, dass Du diese Prüfung des Vertrauens nötig hast, um zu erkennen, was wichtig ist in Deinem Leben. Und solltest Du glauben, dass Du in Armut lebst, so lebe mit ihr in Frieden und wisse, dass auch sie – wie das Glück – nicht beständig sein kann. Also lerne, den Weg der Beschränkung ohne Bitterkeit und Neid zu gehen, und danke Deiner geistigen Führung, dass sie Dich nicht Armut im Geiste hat erfahren lassen. Wenn es Dir gelingt, trotz Beschränkung Dich nicht gehen zu lassen und Deinen Willen (das, was Dir verblieben ist) so schön und kostbar wie möglich zu gestalten, wird sich die Armut wandeln in das, was Dein ursprüngliches Begehren ist.

## Aufrichtigkeit

Ohne sie bist Du verloren, auch wenn Du an anderen siehst, dass das Gegenteil scheinbar richtig ist. Aber hast Du je in deren Seele geblickt? Weißt Du, wie viel Qualen sie ertragen wegen ihrer Lügen, ihrer Täuschungen, ihrer falschen Absicht?

Wer nach außen aufrichtig und nach innen verstellt lebt, gehört zu den Unglücklichsten auf dieser Erde. Die Aufrichtigkeit ist das Licht, das der Tag willkommen heißt, sie ist das Gewand, in das die unbescholtene Seele sich hüllt, und sie ist der Magnet für alle, die edler Gesinnung sind, aber auch für die, denen ihre eigenen Schatten die Sicht verstellen. Erstere fühlen sich von ihr angezogen, weil sie sich ihr verwandt und zugehörig fühlen, andere verbinden sich durch Ablehnung mit ihrer Energie. So zieht sie alle an, selbst die, welche glauben, ohne sie leben zu können.

Im großen Herz der Aufrichtigkeit wird zuletzt jeder seinen Platz finden, denn sie ist Teil des ewigen Willens, aus dem wir entstanden sind und der unsere Heimat ist, nach der wir uns, solange wir existieren, zurücksehnen.

## Ausdauer

Du musst nicht denken, das Heil läge in der Schnelligkeit. Wer immer höher hinaus, schneller ans Ziel und weiter fort will, ist nicht zu beneiden. Denn was erhält er für seine Ungeduld? Doch wieder nur eine Steigerung des vorherigen Zustandes.

Verwechsle Ausdauer nicht mit Anstrengung. Ausdauer ist einer Flaumfeder gleich, die, obwohl sie vom Wind um die Erde getragen wird, niemals verloren geht. Gelegentlich lässt sie sich nieder, schöpft neue Kraft und fliegt weiter, scheinbar gewichtlos. Sie ist ein Zugvogel, der nicht wegfliegt, um seine Heimat für immer zu verlassen, sondern der sich aufmacht, um eines Tages wiederzukehren.

Ausdauer braucht ein beständiges und vertrauensvolles Herz, denn nur dieses vermag die Sorgen zu überwinden, die sich ihr in den Weg stellen. Sie ist selbstvergessen wie die Kinder, die am Strand eine Sandburg bauen und nicht daran denken, dass die Flut kommen und ihr Werk mit einer einzigen Welle fortnehmen wird. So ist die Flut den Kindern gleich: Auch sie werden wiederkommen und täglich neue Burgen bauen, ohne Trauer, ohne Klagen, verwoben in den Rhythmus der Ewigkeit, der die Wiege der Ausdauer ist.

# B

## Barriere

Auf Deinem Weg wirst Du immer wieder auf Hindernisse treffen. Wie wirst Du Ihnen begegnen? Wie wirst Du sie überwinden? Willst Du dies überhaupt oder hoffst Du, irgendwo eine Lücke zu finden, die Dich hindurchlässt? Auch wenn Du sie ausmachst und mühelos hindurchschlüpfst, ist nichts gewonnen.

Wirklich sinnvoll wird Dein Bemühen erst, wenn Du alles, was sich Dir in den Weg stellt, durch Dein geistiges Bemühen überwindest. Wendest Du aber Gewalt an, wirst Du die Hürde nicht meistern. Erst durch Deine Gewaltlosigkeit weicht sie vor Dir zurück.

## Bedachtsamkeit

Wähle mit Bedacht, was immer Du auf Erden tust. Aber wähle so, dass kein anderer Schaden nimmt. Handle stets in dem Bewusstsein, dass jede Deiner Handlungen auch andere berührt, nicht nur Dich selbst.

Wäge Deine Taten ab, ob sie fürsorglich sind, ob sie Dir und anderen helfen. Dasselbe gilt für Worte und Gedanken. Denn einmal Deinem Herzen entschlüpft, nehmen sie Gestalt an, wirken im Stofflichen – und Du bist verantwortlich für das, was sie auslösen. Gehe also achtsam um mit der Macht all dessen, was von Dir ausgeht. Du kannst Freude schaffen oder Leid, Du kannst erbauen, aber auch zerstören. Je bedachter Du Dein Leben einsetzt, je bedachter Du mit Dir selbst im Umgang bist, um so mehr kann es gelingen, Dich und andere glücklich zu sehen. Nur durch das Glück, das Du anderen bereitest, wird Dein Bewusstsein Dir selbst den Weg zum glücklichen Menschen bereiten können.

## Bedrohung

Jede Bedrohung ist eine Anfrage, wie weit Du bereit bist, ihr zu entsprechen und in welcher Form.

Es ist ratsam, in Zeiten der Bedrohung Hilfe zu suchen. Doch in der Wahl Deiner Helfer sei bedachtsam, denn auch sie sind ein Teil der Prüfung, die eine Bedrohung immer darstellt. Grundsätzlich wisse, dass jede Bedrohung, gleich ob sie körperlich oder seelisch sei, sich an dem Maß an Angst misst, das Du ihr entgegenstellst.

Nun wirst Du uns Fragen: Wie meistere ich meine Angst?

Die Antwort sei: Durch klare und möglichst schnelle Entschlüsse. Nichts hält eine Bedrohung mehr in Grenzen als diese Haltung. Denn sie zeigt Deine Bereitschaft, ihr zu entsprechen.

## Beharrlichkeit

Du bist geboren, um den Geist in die Materie umzusetzen. Das ist wahrlich kein einfaches Unterfangen, denn schwerfällig ist die Materie und ungebunden und lebhaft der Geist. Doch ist gerade diese Übung der ausdauernden Beschäftigung mit einer Sache eine der wichtigsten auf dem Wege zur Vollkommenheit. Darum prüfe, ob Deine Beharrlichkeit sich auch an dem richtigen Objekt erprobt. Nicht alles, was sich scheinbar leicht Deinem Willen unterwirft, ist dazu bestimmt, Bestandteil Deines Seins zu werden und oft sind es die Misslichkeiten des Lebens, die zuletzt in die Fülle führen.

Verzweifle nicht an den Widerständen, die sich Dir auf dem Weg Deiner Entwicklung anbieten, denn sie sind Lehrmeister Deines Willens. So ist die Erlangung der notwendigen Beharrlichkeit – im Gegensatz zum halsstarrigen Festhalten – einer Eurer schwersten Lernprozesse. Nimm es als ein Spiel und nicht als dramatische Prüfung undurchschaubarer Mächte und erkenne, dass Beharrlichkeit die Kräfte Deines Seelenkörpers fördert.

## Beleidigung

Wie oft wünschten wir schon, dass Ihr erkennen könntet, wie viel Leid Ihr Euch unnötig selbst verschafft!

Wie viele vermeintliche Verletzungen Ihr Euch zufügt, durch das Annehmen von Beleidigungen, die Euch um so stärker treffen, je mehr sie den Kern der Wahrheit berühren, den Ihr Euch selbst nicht eingestehen wollt. Wie leicht wäre vieles für Euch, würdet Ihr Beleidigungen mit Gleichgültigkeit aufnehmen und sie in Eurer Seele nach Eurer persönlichen Wahrheit beurteilen. So kann eine Beleidigung nicht zuletzt eine Hilfe auf dem Weg der Wahrheitsfindung werden und verschlossene Türen der Selbst-Erkenntnis öffnen.

Und wenn eine Beleidigung Deine Wahrheit nicht betrifft, so ist sie der Irrtum dessen, der sie Dir zufügen wollte, also sein eigenes Leid. So sei nachsichtig und ohne Rachegedanken. Denn jede Gefühl der Rache ist nichts anderes als von Dir akzeptiertes Leid, das Du in Endloser Kette wieder zurück- und weitergibst. Schließe Dich also aus von diesem Kreislauf der schlechten Selbst-Beeinflussung und lerne, Beleidigungen als das zu nehmen, was Dir am nützlichsten sein kann: als Prüfung Deines Urteilsvermögens und Selbst-Vertrauens.

## Berechnung

Ach, viele Gesichter hat der Wille nach Macht! Und wie viel Freude haben manche von Euch, ihre Mitmenschen wie Marionetten zu benutzen. Sie machen ihre geheimen Pläne, aus denen sie hoffen, ihre Vorteile schlagen zu können um damit ihre Ziele zu erreichen. Wissen diese denn nicht, dass sie sich dadurch selbst zu Marionetten der starren Energie machen, die hinter dem Trieb, Macht zu erringen, wirkt.

Ihr alle seid in einen Plan eingebunden, den Ihr wohl erahnen aber niemals berechnen könnt. Wie lächerlich also ist es, zu glauben, durch Berechnung diesen Plan nach eigenem Gutdünken manipulieren zu können. Wer berechnet, mit dem wird abgerechnet werden. So ist das Gesetz.

## Beruf

In jedem Menschen ist die Sehnsucht nach Erfüllung tief verwurzelt und der Ruf, sich durch eine oder mehrere Betätigungen zu verwirklichen, enthalten. Oft wurde dieses innere Aufgerufen-Sein verfremdet durch Einflüsse von außen oder durch Käuflichkeit und Eitelkeit. So ist es unumgänglich, immer wieder zu überprüfen, ob der Beruf, den Du gewählt hast, auch wirklich Deinem inneren Ruf entspricht. Beobachte auch Deine Entwicklung in diesem Zusammenhang. Denn wenn ein persönlicher Reifeprozess erfolgreich abgeschlossen ist, so kann es sein, dass auch Dein innerer Ruf eine Veränderung mit Weiterentwicklung fordert. Wer kann Dich hindern, ihm zu folgen, also Deinen Beruf zu wechseln?

Höre auf Deine innere Stimme und sei mutig. Denn die Macht ist mit denen, die entschlossen sind und ohne Angst ihrer Bestimmung folgen.

Den Beruf aber, den Du gegenwärtig ausübst, tue ganz und gar. Denn er zeigt Deine momentane Stellung in der Welt. Wenn Du ihn nicht ernst nimmst, so wird sie Dich nicht ernst nehmen. Mag sein, dass auch dies nur ein Übergang, ein Schritt ist. Doch ein Schritt, der Deine Entscheidung kund tut. Je bewusster und entschlossener dies geschieht, desto klarer wirst Du erkennen, wohin Du zu gehen hast.

## Bescheidenheit

Es ist nicht notwendig, dass Du Bescheidenheit erlernst, um sie unablässig zu erproben, doch notwendig ist es, gleichzeitig zu erlernen, wann sie angebracht ist und wann nicht.

Bescheidenheit ohne Unterscheidungsvermögen ist genauso falsch wie blinde Unterwürfigkeit.

Bescheide Dich dann, wenn Deine Mittel nicht ausreichen, um anderen Bescheidenheit zu lehren. So kann Deine Bescheidenheit zum Wegweiser und zur Hilfe für Dich selbst und andere werden. Wehre Dich jedoch immer, wenn von Dir eine Bescheidung verlangt wird, die Deinem Innersten widerspricht, und versuche nicht, aus Feigheit oder Gefälligkeit einer Konfrontation aus dem Weg zu gehen. Denn in jeder

Gefälligkeit könnte sich auch ein Fall verbergen, der Dich auf eine Stufe alter und verbrauchter Verhaltensmuster zurückwirft, die Du aus Bequemlichkeit und falscher Selbst-Verständlichkeit wiederverwendest. So prüfe unablässig, ob Deine Bescheidenheit aus notwendiger Forderung der Situation oder aus Berechnung entsteht, damit falsche Bescheidenheit nicht zu einem Käfig Deiner Persönlichkeit wird.

## Besitz

Ist es nicht seltsam, dass in einer Welt der ewigen Veränderung die Menschen von Besitz sprechen? Blicke auf die Zeiger Deiner Uhr und siehe, wie sie unablässig ihren Standort verändern. So schreitest auch Du, jedoch viel unmerklicher, unaufhaltsam voran. Würdest Du unbeweglich auf einem Platz verharren, so ginge das Leben an Dir vorbei und Du würdest im wahrsten Sinn des Wortes »sitzen bleiben« und vom Leben missachtet werden.

Sei beweglich und lerne, auch Deinen Besitz als beweglichen Begleiter Deiner Existenz zu betrachten. Denn nur dann kann er sich vermehren und als Zeichen Deiner eigenen Bewegungsmöglichkeiten verstanden werden. Wer unaufhörlich sein Denken auf Anhäufung von Besitz fixiert, den wird sein Besitz letztendlich fixieren. Wenn Du lernst, dass Besitz in Wirklichkeit nichts anderes ist, als die logische Folge richtiger Handlungen, so wird Dir das blinde Streben nach Anhäufung erspart bleiben und es wird sich um Dich die Art von Besitz versammeln, die für Dich von fröhlichem und selbstverständlichem Nutzen ist, weil sie dem Gesetz der Bewegung und dem Gesetz des Geben und Nehmens entspricht.

## Betrug

Nicht jeder meint es gut mit Dir in dieser Welt. Wie aber kannst Du Dich davor schützen, betrogen zu werden? Am allerersten dadurch, dass Du selbst niemanden täuscht oder benachteiligst. Du weißt doch, dass alles auf Dich zurückfällt. Du weißt aber auch, dass Dich keiner betrügen kann, solange Du aufrecht bist und klar. Der tägliche Vorteil, den Du Dir so gern erschleichst, der kleine Trick, mit dem Du Vergünstigungen zu erlangen trachtest, nützt dir weniger als jene Standfestigkeit, die Dich wachsen lässt und die dafür sorgt, dass Du die Stürme unbeschadet überstehst. Sieh Dir die Bäume an: Betrügen Sie den Wind? Oder die Tiere: Hintergehen Sie ihr Weideland? Du siehst, Du bist allein verantwortlich für das, was man Dir antut. Und plötzlich siehst Du, wie die Hand des Himmels einen Pfad Dir zeigt, auf dem Du geradeaus und ohne Umweg an Dein Ziel gelangst.

# Bewusstsein

Glaube nicht, Du hättest mehr Bewusstsein, wenn Du Dich nur genügend konzentrierst. Das Gegenteil ist der Fall: Je mehr Du außerhalb Deiner Selbst stehst, um so mehr bist Du bei Dir. Schau das Kind an, das eine Sandburg baut. Sagt die Mutter: »Du hast eine schöne Burg gebaut«, versteht das Kind sie nicht. Spricht sie aber: »Das ist eine schöne Burg«, gelingt es ihr, zum Innersten des Kindes vorzudringen. Denn im Moment des Bauens ist das Kind mit seiner Burg identisch, ist es außerhalb von sich und gerade deshalb ganz bei sich.

Darum gilt: Im Innen bist Du außen und im Außen innen. Dein Bewusstsein ist überall, es überwindet Zeit und Raum. Es ist nie statisch, festgefügt, sondern bereit, sich in die Endlosigkeit zu ergießen. Du kannst mit ihm das Unsichtbare sichtbar machen, wenn Du der Kraft in Dir vertraust. Bewusst zu sein heißt zu vertrauen und dieses meint »gemeinsam sehen«.

# C

## Chancen

Wenn das Leben voller Chancen ist, weshalb nutzt man nur so wenige? Manchen sogar bieten sich die Chancen gar nicht an. Ist das gerecht? Nein, denn alle haben dieselben Möglichkeiten im Leben – ihrer Geistnatur nach. Und letztlich ist es der Wille, der aus den Möglichkeiten Wirklichkeiten wachsen lässt. Die Chance Deines Lebens besteht darin, Deinen Willen zu entdecken.

## Charakter

Charakter ist Deine geist-genetische Grundstruktur, letztlich also Dein Schicksal, dessen alleiniger Beherrscher Du selber bist. Charakter ist vergleichbar mit einer chemischen Zusammensetzung, mit der Bodenstruktur eines Landes, mit dem Klang eines Instrumentes.

Aus diesem Klang ein vollkommenes Lied, aus dieser Struktur das Bestmögliche zu machen, das ist Deine Aufgabe.

Du sagst: dies ist ein guter, jenes ein schlechter Charakter, so wie Du sagst, dies ist Unkraut und dies eine schöne Blume. Wie unklug !

In der Verwendung der Grundsätzlichkeit liegt das Geheimnis der Vollkommenheit. So beginne die Grundsätzlichkeiten Deines Charakters zu erforschen und zu erkennen und schaffe daraus wie ein Gärtner oder Komponist das Beste, was Dir nach Deiner momentanen Erkenntnis möglich ist. Du bis niemals Deinem Charakter ausgeliefert, wohl aber Deiner Persönlichkeit, denn sie ist die Maske, die Du Deinem Charakter im Guten wie im Bösen aufsetzt. Erst wenn Deine Persönlichkeit nicht mehr der Zerrspiegel, jedoch eine klare, unverfälschte Darstellung Deines inneren Charakters ist, dann ist Dein Weg frei aus dem Gefängnis der Abhängigkeit der Entsprechung.

## Charisma

Gehörst Du zu den Menschen, die glauben, Charisma wäre erlernbar? Was für eine Täuschung! Charisma ist das Ergebnis eines Reife- und Sammlungsprozesses, durch dessen endliche Intensität das entsteht, was man als unwiderstehliche Anziehungskraft bezeichnet. Nichts ist unwiderstehlicher als Klarheit und Eindeutigkeit. Und damit meinen wir die Klarheit und Eindeutigkeit Deiner inneren Prozesse im Zusammenspiel mit den äußeren Forderungen. Niemand, der sich bewusst mit seinen vielen Persönlichkeitsfacetten auseinandersetzen will, wird jemals auf seine Außenwelt charismatisch wirken, deswegen ist die Vorbedingung zur Erlangung von Charisma die Forderung, welche über dem Eingang des Tempels von Delphi zu lesen war: Erkenne Dich selbst!

## Christ sein

Du suchst nach dem christlichen Weg?

Du fragst uns, wie er zu gehen, wie er zu leben ist?

Der christliche Weg ist nicht nur ein Weg der Liebe, wie Ihr immer glaubt, sondern er ist auch ein Weg der absoluten Gesetzestreue.

Zehn Gebote wurden Euch gegeben, in denen alle Forderungen eines christlichen Lebenswandels enthalten sind.

Doch lebtet Ihr alle Gesetze der Welt und hättet der Liebe nicht, so wäre Euer Planet ein Ort ohne Hoffnung und ohne Verzeihen. Willst Du ein wahrer Christ sein, so musst Du das Gesetz mit Liebe befolgen und die Liebe dem Gesetz nach leben. Das eine ist nicht möglich ohne das andere. Denn beide sind Ausdruck eines höheren Willens, welcher aus der Vollkommenheit geboren wurde, eine Vollkommenheit, die Ihr bestrebt sein solltet, über den Weg des Christus-Denkens wieder zu erreichen.

Christ sein heißt, in Liebe recht handeln. Nur so wird der vollkommene Wille durch jeden von Euch wirksam werden können.

# D

## Dankbarkeit

Schon als kleines Kind hast Du gelernt, dass Du bei jeder Gelegenheit »danke« zu sagen hast. Und wie oft hat sich Dein Inneres gesträubt, dieser Aufforderung nachzukommen, weil Du Dank für Wohltätigkeiten oder Geschenke sagen musstest, die Du niemals haben wolltest.

Du siehst also, dass Deine Dankbarkeit einen ganz individuellen Weg zurück in die Ehrlichkeit finden muss, in Deine eigene Ehre nämlich.

Danke immer für die Bemühung und die Zuwendung, die man Dir zukommen lässt, aber lasse den anderen ehrlich wissen, ob sie von Dir auch erwünscht und begrüßt ist. Denn nur so kannst Du auch die Erwartungshaltung, die sich daraus ergibt, in den Grenzen halten, die auf Dauer für Dich erträglich sind.

Fürchte Dich nicht davor, manchmal auch scheinbar Dein Gegenüber zu enttäuschen. Denn Du tust ja nichts anderes, als den anderen von einer Täuschung, die dazu noch Dich selbst betrifft, zu befreien.

Denen aber, die wahrlich Gutes an Dir getan haben, tue Gutes wieder, mit Dank in Worten und Werken, denn dadurch machst Du aus Dir und ihnen das, wonach Ihr alle sucht: bessere Menschen.

## Demut

Das, was Dir größer als Du selbst erscheint, ist in Wirklichkeit Deine Angst vor Dir selbst. Man hat Dich gelehrt, dass Du nichts bist als ein Erdenwurm, ein Staubgeborener. Man hat falsche Furcht in Dich gepflanzt, damit man Dich leichter besiegen kann. Wir aber sagen Dir: Was andere für Deine Schwäche halten, ist in Wahrheit Deine Kraft; was andere als Unterwürfigkeit auslegen, Dein Wissen, dass kein Mensch über einen anderen wirklich herrschen kann. Wenn Du Dich unterordnest, dann nur, weil Du erkannt hast, dass Glück nicht im Besitz zu finden ist, sondern nur darin, dass wir einander helfen. Wir helfen uns gegenseitig, den Weg in die Erlösung zu gehen. Denn dort wird die zerrissene Seele wieder heil. Mögen die Mächtigen Triumphe feiern, Du weißt, dass Dein Glück nicht im Siegen liegt. Denn es gibt in Wahrheit weder Sieger noch Verlierer. Es gibt nur Menschen, die einander bedürfen. Darin liegt die Kraft der Demut.

## Denken

Die meisten meinen, Denken hieße, seinen Kopf gebrauchen, seinen Intellekt einschalten, Einfaches kompliziert zu machen. Sie meinen, das Geheimnis des Lebens erschlösse sich ihnen eher rational denn intuitiv.

Das ist eigenartig. Denn wenn sie etwa lieben, halten sie vom Denken weniger als vom Gefühl.

Ist Klugheit nur durch Denken zu erreichen? Denkt der Wind, wenn er durch der Bäume Astwerk weht? Denkt die See, wenn Sie an die Gestade ferner Länder rollt? Denkt der Berg, wenn er die Wolken aufhält, damit sie dem Lande Regen schenken?

Du gebrauchst Dein Denken meist, um Probleme zu lösen. Und was machst Du dann? Erleichtert bist Du und dankbar, denn Denken ist die Schwester des Dankes und danken heißt: Leben im Bewusstsein, geliebt zu werden.

## Depression

Depression entsteht aus der Angst, gewissen Anforderungen nicht gewachsen zu sein, aus der Empfindung, aufgelastete Verantwortung nicht mehr ertragen zu können. Du flüchtest Dich in eine psychische Starre. Dadurch entziehst Du Dich der Pflicht, in einem Programm mitzuwirken, das für Dich entwickelt wurde und durch das Du zu dem Menschen werden sollst, der Du selbst sein willst.

Wenn Du nun glaubst, dass Du Deinem Widerstand, denn nichts anderes ist eine Depression, mit Medikamenten Unterstützung und damit Bestätigung geben musst, so sage ich Dir, dass dies ein folgenschwerer Trugschluss ist. Du schiebst nur auf, um später mit einer noch schwereren Form des Leidens konfrontiert zu werden. Geheilt werden kann dieser Mangel nur dadurch, dass Du lernst, mit Deinen Ängsten umzugehen, das heißt, ihnen ins Gesicht zu schauen und Dich ihnen zu stellen. Dazu gehört zuallererst Ehrlichkeit Dir selbst gegenüber. Vielleicht die Ehrlichkeit zuzugeben, dass Du Deine Ziele, Deine Erwartungen zu hoch gesteckt hast und Dich dadurch auf Dinge eingelassen hast, die außerhalb Deiner Möglichkeiten liegen, und damit Deine Grenzen nicht beachtet hast. Eine Depression ist immer ein Zeichen dafür, dass Dein Lebensprogramm nicht mehr in der Dir zugedachten Form abläuft. Du musst also Dein Programm wieder mit Deiner wirklichen Bestimmung in Einklang bringen, womöglich sogar mit Hilfe anderer.

Setze Dich mit der Zeit vor der Depression auseinander. Sie hat zu dieser Erscheinung geführt. Wann hast Du angefangen, aus Deinem Programm herauszubrechen? Versuche, Schritt für Schritt wieder ins Gleichgewicht zu kommen, nicht mit Gewalt, sondern mit sorgfältiger Beobachtung Deiner inneren Stimme und Deiner wirklichen Bedürfnisse.

## Disziplin

Eine der größten Aufgaben Eures Daseins ist es, Euren Willen zu schulen, um Eure Triebe unter eine bewusste Kontrolle zu bringen. Da Euer Wille dieselbe

Energie ist, die Eure Inkarnation ermöglicht hat, ist es notwendig, ihn unentwegt zu schulen, um diese Menschwerdung zu einem bewussten Akt der Reifung und des Fortschritts werden zu lassen.

Wer diese Zusammenhänge durchschaut und akzeptiert, wird es leichter haben, sich scheinbaren Zwängen unterzuordnen, um auf diesem Weg die innere Unabhängigkeit zu erlangen.

Diese Unterordnung hat nichts mit Zwang zu tun, sondern mit der Erkenntnis, dass Disziplin als Hilfestellung des heranwachsenden Charakters verstanden werden muss.

Nur wer sich fügt, wird fähig sein, das Mysterium der Fügung zu begreifen.

## Dummheit

Lasse uns klarstellen, dass wir nicht sprechen wollen von denen, die arm sind im Geiste, sondern von denen, die sich der Pflicht, ihren Geist zu schulen und auszubilden, wissentlich und aus Bequemlichkeit entziehen.

Du hast von Deinem Schöpfer das Wunderwerk »Gehirn« geschenkt bekommen, dessen Möglichkeiten Du nur teilweise nützt.

Niemand käme auf die Idee, von fünf Zimmern einer schönen Wohnung nur zwei zu benutzen. Doch genau das tut Ihr mit Euren mentalen Fähigkeiten.

Letztendlich ist Dummheit nichts anderes, als die Verweigerung, die eigenen Fähigkeiten voll auszuschöpfen.

Aber warum, müsstest Du nun fragen. Die Antwort ist: Weil mit der Bekämpfung der Dummheit viele Dinge zum Erblühen kommen, die Deinen Begriffen vom bequemen Leben nicht zuträglich sind, wie zum Beispiel Verantwortungsbewusstsein, Pflichtgefühl, Lehrzeit und Interesse.

Sage die Worte Dummheit und Dumpfheit laut vor Dich hin und Du wirst begreifen, wo in Dir selbst noch Reste einer Bereitschaft enthalten sein könnten, die Dich vielleicht bis heute gehindert haben, den Kampf gegen die Starrheit des Geistes entschlossener als bislang aufzunehmen.

E

# Ehe

Nachkommen, Besitz, Gefühle sind zumeist die Erwartungen, die an eine Ehe geknüpft sind. Doch wie oft werden diese Erwartungen enttäuscht, weil sie keine Basis für eine Verbindung sein können. Immer wenn zwei Menschen aufeinander treffen, entsteht zwischen ihnen ein unsichtbarer Dritter, der sich aus ihren aufeinanderprallenden Energiefeldern ergibt. Dieser »Mischling« ist der eigentliche Partner, mit dem beide umgehen müssen, und wenn Ihr etwas prüft, bevor Ihr Euch mit jemandem dauerhaft zusammentun wollt, dann sollte er es sein. Doch das erfordert Zeit, Geduld und objektives Urteilsvermögen.

Alle sieben Jahre verändert Ihr Euch vollkommen, also auch das Energiefeld, das Euch umgibt. Somit verändert sich natürlich auch im Umgang mit anderen oben erwähnter Zwischenträger. Deswegen zerbrechen scheinbar unerschütterliche Freundschaften, erprobte Geschäftsverbindungen und natürlich auch Ehen.

Deshalb schließt die Ehe nach reichlicher und zeitlich angemessener Prüfung oder nach schneller und tiefer intuitiver Erkenntnis und wisset von vornherein: alles ändert sich, Nacht wird zu Tag, Ebbe zu Flut, Sommer zu Winter.

So ändern sich auch Beziehungen.

Nur wer dies begriffen hat, ist reif für Gemeinschaft, in der jeder dem anderen dient, ohne zu vergessen, dass für die eigene Ganzheit nur ein Einziger sorgen und verantwortlich sein kann: Er selbst.

# Ehelosigkeit

Ihr habt den freien Willen bekommen wie Euren Körper, wie Eure Seele, wie Euer Lachen und Weinen.

Ist die eine Seele weniger wert als die andere? Und ist sie weniger wert, wenn sie sich nicht mit einer zweiten zusammenschließt ?

Manche von Euch wurden geboren, um sich auf sich selbst zu konzentrieren – oder auch, um der Gemeinschaft in einer Form nützlich zu sein, die eine Ehegemeinschaft unmöglich oder sogar unnötig macht. Auch dies ist eine Gnade und ein besonderer Weg. Wer dies nicht versteht, hat auch die Ehe nicht verstanden. Nun wirst Du aber sagen, dass es viele gibt, die darunter leiden, keinen Partner zu haben.

Diesen muss man sagen, dass jedes menschliche Energiefeld Signale aussendet, die ein möglicher Partner empfängt. Ein Mensch, der sich eine eheliche oder eheähnliche Beziehung wünscht und trotzdem keine Erfüllung erfährt, muss also überprüfen, was an seiner Signalisierung zu verbessern ist, oder er muss sich bemühen, seine Bestimmung zu erforschen. So wird sich durch Erkenntnis sein Energiefeld klarer formieren und ihm ermöglichen, sein Dasein zu begreifen.

# Ehre

Die Ehre ist ein Gut, das immer seltener wird. Kaum einer gibt mehr etwas auf diesen altertümlichen Begriff, seit er so oft missbraucht worden ist. Doch das ändert nichts daran, dass die Ehre eine Auszeichnung ist, die jenen zuteil wird, die selbstloses Handeln in den Vordergrund stellen. Sie sind es, die der Menschheit weiterhelfen. Deshalb ist die Ehre von so unermesslichem Wert.

# Ehrgeiz

Willst Du unsterblich werden? Du bist es schon! Warum also strengst Du Dich an, versuchst andere auszustechen und zu übertrumpfen? Du wirst niemals fliegen können wie ein Falke, also lasse ihm sein Revier. Du wirst niemals schneller laufen können als der Löwe, also versuche nicht, ihm gleich zu sein. Doch Du kannst lernen, auf dem Pfade der Vollkommenheit Dich in fliegendem Lauf zu bewegen. Aber dies wird Dir nicht gelingen, wenn Du unentwegt versuchst, von allem, was da lebt, der Einzige und Ewige zu sein.

Bleibe bescheiden und wirke an Deinem Reifwerden, sonst schlägt der Ehrgeiz Dich mit seinen scharfen Klauen. Du brauchst nicht zu kämpfen, denn es ist alles schon für Dich bereitet. So nimm also und teile.

## Ehrlichkeit

Hast Du je eine Blume gesehen, die sich verstellte? Oder ein Pferd, das log? Alles in der Natur ist reine Ehrlichkeit. Warum nicht auch Du? Ja, wir wissen: Du leugnest sogar, dass Du ein Teil der Welt bist, Du willst Dich über sie erheben und sie Dir untertänig machen. Was, selbst das bestreitest Du? Da siehst Du, wie Du es hältst mit Deiner Ehrlichkeit. Nein, Freund, wir sagen Dir: Solange Du nicht ehrlich bist mit Dir und allen anderen, solange wird kein Friede sein.

Was hast Du zu verlieren? Ist Dein Gewissen so schlecht, dass Du lügen musst? Hat man Dich gelehrt, dass Du nicht versagen darfst? Ist dies der Grund für Deine Täuschung? Leg sie ab und öffne Deine Augen: Die Welt ist ehrlich zu Dir, sie zeigt Dir Deinen Weg, selbst wenn Du ihn zunächst nicht sehen willst. Verschließe nicht Deine Augen und gib Dich keinen Phantasien hin. Komm zu Dir, Freund, sei treu und wahrhaftig, halte Dein gegebenes Wort. Log Deine Mutter und rief sie »Dies ist nicht mein Kind«, als sie Dich das erste Mal in die Arme nahm? Nimm Dich nun selbst in Deine Arme und sprich uns nach: »Ich bin die Ehrlichkeit. Was ich tue, ist gut. Ich habe mich nicht zu schämen. Das Wort, das ich gesprochen habe, ist wahr und ich zeige allen, dass Unglück nur besteht, weil ein jeder vor der Wahrheit flieht.«

# Eifersucht

Eifersucht ist eine Form von Angst. Angst davor, dass Dir genommen werden könnte, was vermeintlich ausschließlich Dir zusteht und gehört. Im weitesten Sinne also Angst vor Revierbedrohung und Verletzung. Und schon sind wir beim Besitz angelangt. Nun fragen wir Dich: Kann man einen anderen Menschen besitzen? Kann man Liebe, Zuneigung, Sympathie besitzen? Wenn Du also eifersüchtig bist, so sagst Du im Grunde nur, dass Du nicht selbstbewusst genug bist, um mit einer möglichen Veränderung konfrontiert zu werden, die Dich vielleicht auch noch in die scheinbar missliche Situation eines Verlierers zwingt.

Es ist doch ganz einfach: Entweder ist Deine Eifersucht unbegründet, was bedeutet, dass Du kostbare Zeit Deines Lebens mit negativen Gedanken vertan hast. Oder sie ist begründet. Dann musst Du überdenken, was veranlasst hat, dass eine Zuwendung nun anderweitig verwendet wird. Lohnt es sich wirklich, um den Entzug dieser Zuwendung zu kämpfen, oder ist der Vorgang nur ein Zeichen der Zeit oder der Qualität der Beziehung?

Quäle Dich nicht und ziehe die Konsequenzen, ohne aus Angst vor Verlust Zugeständnisse zu machen, die Deine Würde schmälern. Lege Deinen Standpunkt und Deine Gefühle offen und klar dar und tue dies ohne Anklage und Vorwurf. So ersparst Du Dir und anderen Bitterkeit und ermöglichst beiderseitig vielleicht eine Veränderung, die letztendlich eine Verbesserung Deines Seins bedeutet.

## Eigenliebe

Wie kannst Du andere lieben, wenn Du bestrebt bist, nur für Dich selbst zu fühlen?

Wer soll Dich umfangen, wenn er spürt, dass Du nur an Dich selber denkst und glaubst?

Freude ist nur Freude, wenn man sie teilen kann.

Leben ist nur Leben, wenn man sich verschenken kann.

Und Liebe ist nur Liebe, wenn sie den anderen meint.

## Einsamkeit

Wie kannst Du glauben, dass Einsamkeit eine Bedrohung ist, da Du doch schon so oft erfahren hast, dass wir immer an Deiner Seite sind?

Gewiss wird es Zeiten in Deinem Leben geben, in denen Du scheinbar von allen verlassen zu sein glaubst und damit in einen Zustand des Zweifels oder der Verzweiflung gebracht wirst. Doch ist Einsamkeit immer eine Gnade und auch eine Aufforderung, Dich unbeeinflusst zu sammeln. Je williger Du diese Aufforderung annimmst, um so schneller wird sich Deine Verbitterung in Gleichmütigkeit wandeln. Das wird Dir Möglichkeiten einer Lebensführung aufzeigen, die Dir bis dahin nicht offen standen und die vielleicht für Deine Weiterentwicklung notwendig sind.

Solltest Du hingegen schon länger das Bedürfnis nach Einsamkeit in Dir verspüren, ohne ihm Folge leisten zu können, so lasse Dir sagen, dass dies genauso schädlich ist, wie sich keinen Schlaf zu gönnen. Viele Krankheiten der Seele kommen aus dem, was Ihr »Stress« nennt. Und nichts treibt mehr in die Isolation als dies. Du siehst also, dass ein Unterschied besteht zwischen Vereinsamung und Einsamkeit, den Du erkennen und durchschauen solltest, um zuletzt die richtige Wahl zu treffen.

## Eitelkeit

Versuche, Dir alle Menschen ins Gedächtnis zu rufen, die Du für eitel hältst, und dann lass uns Dich fragen: Hat es Dich gestört oder belustigt?

Wenn es Dich gestört hat, dann bedeutet dies, dass Du selbst unerfüllte Bedürfnisse in Dir trägst, die sich auf das Wahrgenommenwerden Deiner eigenen Person beziehen. Wenn es Dich belustigt hat, dann meint es hingegen, dass Du den Verarbeitungsprozess bereits hinter Dich gebracht hast.

Ein eitler Mensch ist nicht anders als ein Kind, das nach Anerkennung und Liebe schreit und aus diesem Grund bemerkt werden will: »Sieh her, hier bin ich.« Sei also nachsichtig mit den Eitlen, aber auch mit Dir selbst, wenn Du Dir eingestehen musst, dass Deine Selbstdarstellung das Maß überschritten hat, aber frage Dich auch, was in Deinem Leben fehlt, dass Du Dich so präsentieren musstest.

## Eltern

Heißt es nicht, dass Du Deine Eltern lieben und ehren sollst, damit es Dir selbst wohl ergehe?

Liebe und ehre Deine Eltern, wenn Du in Dir das Bedürfnis verspürst, sie lieben und ehren zu wollen. Sollte dies aber nicht der Fall sein, so überdenke, was es Dir so schwer macht, diese Gefühle aufzubringen. Versuche Klarheit zu schaffen ohne Schuldzuweisung. Und wenn Du es geklärt hast, dann gestalte aus dieser Erkenntnis heraus den künftigen Umgang mit den beiden Menschen, die Deinen Körper und Deine Seele ins Leben gerufen haben. Aber vergiss dabei keinen Augenblick: Auch hier gilt das Gesetz der Entsprechung. Gleich und gleich gesellt sich nicht nur gern, sondern zwangsläufig. So waren Deine Eltern Deine eigene Wahl, denn auf der wesenhaften Basis dieser beiden Menschen begründet sich Deine eigene Existenz.

## Empfindsamkeit

Eine »dicke Haut« solltest Du Dir aneignen, hat man Dir empfohlen. Was meinte man damit? Dass Du Dich den Unbilden der Welt verschließt? Dass Du sie nicht mehr sähest? Dass Du Dich nur noch um Dich selber sorgst ? Wir sagen Dir: Bleibe empfindsam! Je dünner Deine Haut ist, um so mehr wirst Du der Schwingung teilhaftig, die alles in Bewegung hält. Je zarter Du mit Dir und mit den Deinen Umgang hast, um so mehr kann es geschehen, dass der Atem des Lebens der Deine wird. Du bist ein Teil von ihm, und er befähigt Dich zu fühlen, wohin er Dich tragen will.

## Enthaltsamkeit

Sei mäßig in allem, was Du tust, aber nicht enthaltsam. Enthaltsamkeit ist umgekehrter Sinnenrausch. Sie schadet mehr als dass sie nützt. Würde eine Pflanze sagen, ab heute trinke ich kein Wasser mehr? Hat man je von einem Bienenstock gehört, welcher der Idee verfiel, den Honig zu verteufeln? Alles, was ist, ist gut, sonst wäre es nicht. Und alles, dem Du keine Nahrung gibst, verkümmert. Aber alles, was Du übertreibst, führt nicht zum Glück. So finde den goldenen Mittelweg, auf dem Enthaltsamkeit kein Selbstbetrug, sondern wissende Zurückhaltung ist. Weshalb sollte man sich Zwängen unterwerfen, wenn doch das rechte Maß die Freude bringt?

## Erfahrung

Ohne sie bist Du nicht lebensfähig, denn Du lernst, was immer Du auch tust. Meinst Du, dies sei der rechte Augenblick, das eine zu unternehmen und das andere nicht, und dann alsbald, dass dies eine Täuschung war, so mag es aber doch die rechte Zeit für diese Einsicht gewesen sein. Und das nächste Mal wird Dir die Erfahrung zeigen und Dir klar vor Augen halten, wann die Zeit gekommen ist, das eine zu unternehmen und das andere nicht. Die Erfahrung ist Dein größter Meister und kein Tag vergeht, an dem Du ihn nicht triffst. Sie kommt von außen, wirkt im Innen und eilet wieder hinaus. Sie ist nur für Dich bestimmt, sie stellt den besten Begleiter dar und es gibt niemanden, der es so trefflich mit Dir meint.

## Erinnerung

Die Bibliothek Deiner Erfahrung ist die Erinnerung. Verwende sie mit Bewusstheit und Bedachtsamkeit, denn alle Deine Gefühle sind darin verankert und somit ist die Reifung Deiner Seele zutiefst mit der Verwendung Deiner Erinnerungen verbunden. Sind sie schmerzlich, so schließe Frieden mit ihnen und lasse sie ohne Verbitterung in Dir ruhen, sind sie beglückend, dann rufe sie in Dir wach, so oft Du die Kraft benötigst, die, einmal erfahren, unendlich in Dir und durch Dich wirken kann. So werden Erinnerungen zum Baumeister Deiner Persönlichkeit.

## Erwartung

Was erwartest Du? Weshalb erwartest Du überhaupt etwas? Soll es Dich glücklicher machen? Es wäre besser, Du würdest nichts erwarten. So bleibt Dir manche Enttäuschung erspart. Doch es scheint, als erfülle die Hoffnung auf ein beliebiges Ereignis gar Dein ganzes Leben. Was hoffst Du? Weshalb hoffst Du? Es wäre besser, nichts zu hoffen. Erwarten oder hoffen bedeutet falschen Einsatz Deiner Energie. Du kannst Dich an schrittweisen Ergebnissen erfreuen, deren vollständige Erfüllung jedoch zu erwarten aber mag Dich schnell zermürben. Handle, sei tätig. Aber handle nur nach Deinem inneren Gesetz – wie die Erde es Dir vorlebt. Wenn Du dazu noch erwartungslos lebst, wirst Du spüren, was die wahre Freude ist.

## Erziehung

Du kannst niemanden zu Dir hinerziehen, kein Kind und keinen Hund. Aber Du kannst Sorge tragen, dass sich ihr Leben so gestaltet, dass sie es mit Freude bewältigen. Du kannst sie lehren, die Angst vor Dir und vor sich selber zu besiegen, kannst sie ermutigen, alles, was in ihnen schlummert, zum Leben zu erwecken. Dies wird jedoch nicht geschehen, wenn Du mit Strafe drohst. Doch wenn Du sie liebst und an sie glaubst, dann werden sie wissen, dass Deine Hand stets schützend über ihrer Seele schwebt. Und so wird diese Seele lernen, durch Dich das Gute zu trennen vom Falschen.

Der schönste Lohn für einen guten Lehrer ist ein guter Schüler. Doch da Du selbst stets Schüler bist, lernst auch Du durch das, was Dir Dein Schüler vorlebt. So schafft Ihr gemeinsam das Vertrauen in Euren Weg.

## Ewigkeit

Die Ewigkeit sorgt dafür, dass nichts ewig andauert. In diesem Paradox ist die Weisheit der Unendlichkeit verborgen, die sich nur jenem eröffnet, der willig ist, zu begreifen, dass die menschliche Existenz zu ihrem eigenen Schutz davor bewahrt wurde, bestimmte Dinge zu durchschauen. Lebe jetzt und hier, aber werde Dir bewusst, dass alles, was Du tust und sagst, auch in der Ewigkeit wirksam ist.

# F

## Fairness

Fair zu sein bedeutet oft, auf seinen Vorteil zu verzichten. Auf seinen Vorteil zu verzichten bedeutet oft, Nachteile bewusst in Kauf zu nehmen. Und das wiederum heißt, augenscheinlich zu verlieren. Doch steckt nicht gerade hierin der echte Gewinn? Dies ist der Grund, weshalb wahre Fairness letztlich immer belohnt werden wird.

## Falschheit

Das Chamäleon verändert seine Farbe zu seinem eigenen Schutz, aber auch wenn es unauffällig Beute machen will.

Ebenso verhält es sich mit heuchlerischen Menschen. Durch berechnendes Verhalten versuchen sie Vorteile zu erbeuten, um sich in vermeintliche Sicherheit zu bringen. Sie merken dabei gar nicht, dass sie zu Marionetten derer werden, die sie zu täuschen suchen. Sei also nicht verletzt, wenn Dir die Falschheit begegnet, sondern durchschaue sie mit Hilfe Deiner inneren Stimme. Und solltest Du bereits getäuscht worden sein, so frage Dich, was Euch dazu getrieben hat, die Täuschung heraufzubeschwören.

## Feindschaft

Wenn Du Dich überwinden könntest, auf Deine Feinde zuzugehen! Wenn Du ihnen zeigen könntest, dass die Furcht vor Dir ganz grundlos ist! Denn alle Feindschaft quillt aus der Furcht, sich nicht mehr verstanden zu fühlen.

Könnte Dein Gegner einsehen, dass er und Du identisch seid, wehrlos und nackt, so wäre das Ende der Feindschaft nah.

Doch Ihr versteckt Euch hinter Uniformen, setzt Helme auf, um größer zu erscheinen oder mächtiger zu wirken. Wie armselig Ihr seid! Siehst Du nicht, dass Dein Feind nichts sehnlicher erfleht, als dass Du ihm die Hände reichst? Sieht er denn nicht, dass Du nichts anderes willst, als ihn bei Dir willkommen zu heißen? Seid gütig miteinander, damit sich Feindschaft in Freundschaft wandle.

## Freiheit

Gib andere frei, dann bist Du selbst in Freiheit.

Werde selber frei, um Frieden zu schaffen.

Gib Frieden, um der Liebe Bahn zu geben.

Denn zwischen Frieden und Freiheit und Liebe ist kein Unterschied.

## Freunde

Deine Familie wählst Du, bevor Du geboren wirst, Deine Freunde wählst Du, während Du lebst. Was für eine kostbare Freiheit! Wähle also mit Bedacht und sei Dir immer gegenwärtig, dass Deine Freunde stets eine Entsprechung Deiner eigenen momentanen Verhältnisse sind. Und wisse auch, dass, wenn sich diese durch Erkenntnis und Reife ändern, sich auch Dein Freundeskreis verändern wird. So sei nicht gram über diesen Wandel, sondern nutze diese Möglichkeit der Beobachtung als Spiegel Deiner eigenen Entwicklung.

## Freundschaft

Freundschaft und Treue sind eins.

Bevor Du gelobst, diese zu halten, prüfe Dein Innerstes, ob Du auch bereit bist, dieses Gelöbnis zu bewahren oder ob es nur aus der Laune eines scheinbar günstigen Moments entsprang.

Sei niemals leichtfertig mit Freundschaft und mit Treue. Denn sie sind es, die Dein Schicksal formen und Dein Leben gestalten.

## Fröhlichkeit

Bist Du heute schlecht gelaunt, so beachte Deinen Zustand nicht. Stell Dir lieber vor, wie Du morgen über das, was Dich heute quält, schon wieder lachen wirst. So öffnest Du Dein Herz für jene Fröhlichkeit, die Dich stets umgibt, ohne dass Du sie sehen könntest. Und je fröhlicher du anderen erscheinst, um so mehr wirst Du ihnen helfen, ihr Unglück gegen die Gelassenheit der Seele einzutauschen, die das Lächeln auf den Lippen erzeugt, das auch den anderen fröhlich werden lässt.

# G

## Gast sein

Die Erde ist zwar Eure Heimat und dennoch seid Ihr nur zu Gast auf ihr. Eines Tages werdet Ihr wieder gehen müssen. Wie aber sollten sich Gäste verhalten? Sie sollten vor allem den Gastgeber respektieren und auf seine Bedürfnisse Rücksicht nehmen. Ansonsten haben sie jede Freiheit – solange sie diese nicht mit Willkür verwechseln. Schenkt man dem Gastgeber keine Beachtung, wird er sich gegen seine Gäste auflehnen und versuchen, sie auf schnellstem Wege loszuwerden. Wer dagegen den Gastgeber mehr achtet als sich selbst, wird immer wieder herzlich willkommen sein.

## Gebet

Wann betest Du? Und warum?

Viele Missverständnisse haben sich im Laufe der Zeit um den Begriff »Gebet« gebildet. Und wahrscheinlich haben sie mit dem Satz zu tun: »Bittet, und ihr werdet empfangen.« Denn ursprünglich lautet dies Wort: »Vertraut, und Ihr werdet erhalten, was zu Eurem Besten ist.«

Wie oft wolltest Du schon Dinge in Deinem Leben unbedingt haben, meintest, Dein Glück würde davon abhängen, nur um nachher festzustellen, dass Dein erfüllter Wunsch eher eine Enttäuschung war. Du siehst also, wie unverständig es ist, zu glauben, dass Gott Dir jeden Wunsch erfüllt, wenn Du nur intensiv genug darum bittest.

In Dir ruht eine tiefe Wahrheit und ein tiefes Wissen um das, was gut und recht für Dich ist. Und wenn Du betest, so sollte Dein Bitten in die Richtung gehen, dass die Kraft des Höchsten diese Deine Fähigkeit stärken und klären möge. Das war gemeint, als Jesus vom Bitten und Empfangen sprach. Befreie Dich also von der Überflüssigkeit der Bettelgebete und reife in ein neues Verständnis des Bittens und Erhaltens.

## Geburt

Denke nach: Wie möchtest Du nach einer langen und anstrengenden Reise empfangen werden?

Jede Geburt ist wie das Erwachen aus einem langen, tiefen Schlaf, wie das Ende einer langen und anstrengenden Reise. Nie ist der Mensch bedürftiger, als in diesem Moment. Nie sehnt er sich mehr nach liebevoller Pflege, nach restloser Geborgenheit und Wärme, als in diesem kostbaren, einzigartigen Augenblick. Alle Schönheit der Welt sollte ein neugeborenes Menschenkind in diesen Minuten umgeben. Doch was habt Ihr aus diesem ersten Fest im Leben gemacht! Fern von jeglicher Natur, fern von allem, womit wir diese Welt geschmückt haben, werden Eure Kinder in sterilen Krankenhäusern ins Leben gezerrt. Das erste Atemholen, ein Moment tiefster Initiation, ist zum Gewaltakt verkommen, zu einer ersten schmerzlichen Erfahrung.

Schenkt Euren Neugeborenen doch Musik, Wohlgeruch und ein Licht, das ihre Augen tröstet. Und nennt sie beim Namen bei ihrem ersten Atemzug. Denn nur so wird die Seele wissen, dass sie Heimat gefunden hat bei denen, die sie liebt.

## Geburtstag

Seid fröhlich an diesem Tag, verbringt ihn mit denen, die Ihr liebt, feiert und freut Euch Eures Daseins.

Doch begeht die Stunde Eurer Geburt, den Moment Eurer Wiederkehr auf besondere Weise, denn er birgt in sich eine besondere Kraft, ein besonderes persönliches Geheimnis, das Ihr nur in Sammlung und Besinnung erfahren könnt. Geht in Euch zu diesem Zeitpunkt, denn nie habt Ihr mehr Gelegenheit, Eure innere Botschaft in aller Klarheit zu empfangen und Eure Weisung für das kommende Lebensjahr zu erhalten. Nichts darf diesen heiligen Moment verhindern oder stören. Denn aus ihm erwächst alle Kraft, die Ihr so dringend benötigt, um Eure Erinnerung zu bewahren.

# Geduld

Ein kluger Mensch hat einmal gesagt: Der Lohn der Geduld ist die Geduld. Du musst wahrscheinlich diesen Satz lange auf Dich einwirken lassen, um ihn ohne inneren Widerspruch zu ertragen. Denn mit dem Begriff »Geduld« ist ja auch immer leidiges Abwarten, Ausharren und Passivität verbunden.

Nicht umsonst jedoch preist Ihr die Geduld als Tugend. Eine Tugend, in der sich Dulden und Ergebung manchmal zu einer scheinbar fast unerträglichen Gemeinschaft zusammenfügen. Siehe, für alles ist in Deinem Leben eine Zeit vorgesehen und manches Mal bedeutet dieses schmerzliche Abwarten nichts anderes, als die Erwartung der richtigen Zeit.

So sei, wenn Du geduldig sein musst, dabei auch fröhlich, und wenn Du kannst, nimm diese Zeit als eine Gnade, die Dir eine gründliche Vorbereitung gewährt und ein intensives Überdenken, damit Du, wenn Deine Zeit gekommen, in der Lage bist, alles nach Deinem Willen und Begehren zu regeln und vielleicht auch zu erkennen, dass die Zeit des Abwartens Dir die Möglichkeit gegeben hat, auf etwas zu verzichten. Dies ist der größte Lohn der Geduld: zuletzt wählen zu können.

## Gefälligkeit

Im Wort Gefälligkeit verbirgt sich der Begriff »Fall«. Überprüfe sowohl Deine als auch Dir erwiesene Gefälligkeiten auf ihre Hintergründe und Werte. Dies hat nichts mit Misstrauen, wohl aber mit Urteilsvermögen zu tun. Geschieht die Gefälligkeit, um Freude und Erleichterung zu bereiten, oder wird sie aus Berechnung geleistet?

Denke über folgenden Satz nach: Jede Gefälligkeit, die nicht spontan erfolgt, hat mit Berechnung zu tun.

## Gefühl

Gefühl ist die Sprache der Seele. Aber auch ihr Hunger. Gönne Dir Gefühle, wie Du Dir auch Nahrung gönnst, aber kontrolliere, ob diese Nahrung Deiner Seele auch bekommt. Lerne zu unterscheiden zwischen Eingebung und momentaner Stimmung. Das eine ist Ausdruck Deines inneren Führers, das andere Ausdruck Deines gegenwärtigen Bedürfens. Gefühle verändern sich, Intuition ist ewig. So versuche, beides durch Sammlung zu vereinen, um nicht zum Spielball emotionaler Trugbilder zu werden.

## Gegenwart

Wir wissen, dass Du nicht zweimal in denselben Fluss steigen kannst. Wir wissen, dass Du die Zeit, die eben verstrichen ist, nur in der Erinnerung noch einmal zu leben vermagst.

Alles, was Du tust, ist entweder gerade vergangen oder es steht kurz bevor. Und dennoch gibt es einen Punkt, an dem Du Gegenwart erfahren kannst, nämlich jetzt! Schon wieder vorüber? Dann eben jetzt! Auch wieder vorbei?

Was ist es, das da so flüchtig, einem Windhauch gleich, vorüberstreicht? Es ist Deine Zeit, diejenige, die alleine Dir gehört, die alleine Dir bestimmt ist. Ach wüsstest Du, wie unendlich viel Du davon hast.

Wir sagen unendlich, denn Deine eigene, Deine private Zeit bewegt sich nicht wie eine Gerade, sie gleicht eher der unendlichen Spirale, deren Anfang mit dem Ende eins ist. Du selbst gleichst dieser Spirale, hast keine Grenze und keinen Beginn. Vergangenheit und Zukunft treffen sich in Deiner Gegenwart. Jetzt! Steige also ohne Zweifel in den Fluss, aber vergiss nie seine Quelle, die das Geheimnis seiner Mündung von Anbeginn in sich trägt.

## Geheimnis

Das einzige Geheimnis, das Du jedem preisgeben solltest, ist das Geheimnis Deiner Existenz. Tritt also zu den Menschen und sprich: »Sehet, so bin ich.«

Und es werden andere kommen und Gleiches tun. Dann erst werden die Menschen sich erkennen und sprechen: »Sehet, so sind wir. Ich bin Du und Du bist ich. Wie können wir da einander feindlich sein?«

## Gehorsam

Willst Du lernen zu herrschen, so lerne erst zu gehorchen. Doch tue es nie blind, sondern mit wachen Augen und Ohren, denn so wird Deine innere Wahrheit und Bereitwilligkeit gebildet und geprüft. Lerne zu unterscheiden zwischen pflichtgemäßem Gehorsam und bequemer Liebedienerei, denn viel wichtiger, als dass Du anderen fraglos gehorchst, ist, dass Du auf Dich selber hörst. Vernimm die Stimme in Dir, folge ihr, sie ist der einzige Befehl, den Du gehorsam befolgen sollst.

## Geist

Alles, was es gibt, war einmal Geist, war Idee, war Plan. Auch das Buch, in dem Du gerade liest, war ein

Gedanke, ein Wunsch, der jetzt Gestalt geworden ist. Wenn Deine Wurzeln also nicht im Stofflichen sich finden, weshalb vergisst Du dann, woraus Du stammst? Würde der Wind seinen Ursprung leugnen, nur weil man ihn nicht sehen kann? Würde ein Sandkorn seine Herkunft von sich weisen, nur weil es nun am Strande liegt und sich mit anderen seiner Art vermengt?

Alles, was es gibt, fand seinen Ursprung in Geist, Idee und Plan. Nichts steht still. Alles lebt aus sich heraus und schafft den Antrieb für die Ewigkeit.

Der Geist ist das ewige Begehren allen Seins, wieder zu reinem Geist zu werden, zurückzukehren zum Ursprung des göttlichen Willens, durch den der Geist vor Äonen die Fähigkeit erhielt, zu dem zu werden, was Ihr die Schöpfung nennt. So wie die Materie zu Staub werden wird, so wird sich auch einst das, was Ihr Geist nennt, wieder in seinem Ursprung auflösen, um Neues erschaffen zu können, um die ewige Freiheit zu erlangen, denn das Bestreben des Geistes ist es, nicht in Materie gefangen zu sein.

## Genuss

Glaube nicht, in der Zügellosigkeit läge der Genuss. Genauso wenig glaube, er läge nur im unbeschränkten Haben. Wahren Genuss erst findest Du, wenn Du die Verschwendung beschränkst und die Habgier besiegst.

## Gerechtigkeit

Unterscheide zwischen der subjektiven Gerechtigkeit Eurer Rechtsprechung, Deinem persönlichen Gerechtigkeitsempfinden und zwischen dem, was wir die Gerechtigkeit Gottes nennen. Je weniger Ihr bereit wart, die ersten Gebote als völlig ausreichende Gesetzesgrundlage anzuerkennen, desto fragwürdiger sind Eure Begriffe von Gerechtigkeit geworden.

Die universelle Gerechtigkeit, die Ihr auch Karma nennt, bedarf keiner Gesetzesbücher. Sie reagiert wie selbstverständlich auf das, was ist.

Dieses eindeutige Wissen, was zu erfolgen hat, wird sich durch Dich um so klarer ausdrücken, je mehr Du Dich entschließt, unbeeinflusst auf Deine innere Stimme zu hören, die Ausdruck der All-Wahrheit ist.

So tue und sprich recht.

Dann wird Dir selbst Gerechtigkeit widerfahren.

## Gesang

Gesang ist fließende tönende Energie.

Jeder Sänger ist also verpflichtet, für ein harmonisches Inneres zu sorgen, da die Energie durch ihn fließt, von ihm gefärbt wird und so auf seine Zuhörer übergeht. So wird diese Energie gleichzeitig zum Spiegel und zum Auslöser von Entsprechendem. Jeder

Sänger, der Energie negativ verändert, wird für die Folgen die Verantwortung tragen müssen. Jeder Sänger, der bestrebt ist, diese Energie positiv zu verändern, wird die Gnade der Heilung an sich und seinen Zuhörern erfahren.

## Gesundheit

Ursprünglich war jeder von Euch geplant als unbeschadete Existenz, denn der Schöpfungsgedanke war ohne Fehler. Doch Ihr habt Euch immer weiter entfernt von diesem Ur-Gedanken, habt angefangen, Eure vermeintlich bessere und vernünftigere Gedankenwelt zu entwickeln und habt Euch damit immer mehr von jener Energie entfernt, die Euch gesund und ganz erhalten kann. Ihr könnt mit dem Leben nicht umgehen und folglich auch nicht mit dem Tode, den Ihr als Bedrohung und Schmerzensbringer anseht.

Kehre jeden Tag zumindest einmal in innere Sammlung und Stille ein und versuche so, Deine ursprüngliche Ganzheit wiederzufinden. Dann wirst Du mehr und mehr verstehen, was Dich von selbst gesund an Leib und Seele werden lässt.

## Gewissen

Dein Gewissen ist Ausdruck Deiner inneren Wahrheit, Deiner inneren Stimme. Je bewusster Du sie wahrnimmst, desto bewusster wirst Du beginnen, Dein Schicksal zu gestalten.

Dein Gewissen ist der Wegweiser in einer verworrenen Welt, es bietet Dir die Orientierung, die Du außen vergeblich suchst. Höre nie auf, Dein Inneres zu erforschen. Denn Dein Gewissen ist auch unsere Stimme.

## Gewohnheit

Wie das Unglück meist das Unglück sucht, so sucht auch das Glück meist nach sich selbst. So lasse es Dir nicht zur Gewohnheit werden, Unglück zu erwarten, denn Deine Erwartung ist wie ein Ruf in die unendliche Wüste des Negativen. So pflege vielmehr die Gewohnheit, Dein Glück als selbstverständlichen Begleiter anzusehen, und begrüße es mit Freude, wenn es Dir begegnet. So wird es aus Gewohnheit Deine Gesellschaft suchen und den Platz für Unglück klein halten.

Und so halte es mit allen Deinen Gewohnheiten, die sich als Bereicherung und positiver Halt in Deinem Leben erweisen. Pflege sie mit Bewusstsein und gewähre ihnen die Zeit, die sie benötigen, um Dich bewusst werden zu lassen.

Deine schlechten Gewohnheiten aber nimm zur Kenntnis und schränke ihren Platz so ein, dass Du sie gut bewachen kannst. Denn nur so wirst Du die Möglichkeit haben, Dein Geschick zu lenken und Deine Gewohnheiten nicht zu den unbewussten Triebfedern Deiner schlafenden Fähigkeiten werden zu lassen. Mache Dir zur Gewohnheit, eine kurze Zeit an jedem Tag Deines Lebens in gleich-gültiger Betrachtung Deiner Gewohnheiten zu verbringen. So wirst Du, beinahe unbemerkt, die Balance des Glücks finden.

## Glaube

Weshalb glaubst Du an uns? Weil Du hoffst, dass wir Dir etwas Gutes bringen? Sei unbesorgt, wir würden es auch tun, selbst wenn Du Deinen Glauben von uns ziehst. Wir wissen, Du bist voller Zuversicht. Ohne diese nämlich könntest Du nicht leben. So ist Dein Leben Glaube, selbst wenn Du dies nicht glaubst. Gehörst Du vielleicht zu denen, die sagen: Glauben heißt nicht wissen? Willst Du vielleicht lieber wissen? Um zu wissen aber musst Du erst glauben!

Du siehst, es führt kein Weg vorbei. Doch eine Frage lass uns Dir noch stellen: Kannst Du, nur weil die Sonne aufging, bislang jeden Morgen, wissen, dass sie auch am nächsten Tag aufgehen wird?

## Glaubhaftigkeit

Wie kannst Du glaubhaft sein, wenn Du nicht an Dich selber glaubst?

Doch wie findest Du Deinen Glauben an Dich selber?

Nichts an Dir ist beliebig oder zufällig. Doch alles ist Ausdruck eines Teils des großen göttlichen Planes, der die gesamte Menschheit bedingt.

So muss Dein Glaube an Dich selbst gleichzeitig das Vertrauen in diesen großen Plan sein. Erst wenn Du dieses Vertrauen gefunden hast, wirst Du auch die Glaubhaftigkeit erringen können, welche die Grundlage der Verwirklichung Deiner Ziele sein muss.

## Glück

Solange Du es hast, achtest Du es nicht.

Erst wenn es geht, schaust Du Dich nach ihm um.

Was wäre, wenn Du Dich nur einmal umgekehrt verhieltest?

## Gnade

Hast Du Dir jemals überlegt, dass es eine Gnade ist zu leben? Dass Du lieben darfst? Dass Du die Schönheit sehen, die Worte sprechen und die Blumen riechen darfst? Blicke tief in die Augen dessen, den Du am brennendsten liebst. Spiegelst Du dort Dich selbst oder nimmst Du einen Glanz wahr, der Dich verständnisvoll durchdringt und Dir bis in das Geheimnis Deiner Seele scheint? Dies ist die Gnade, die Dich befreit von allen Deinen Zweifeln. Sie ist an Deiner Seite und lässt Dich nie im Stich, genauso wie Dein Atem, der Dich am Leben erhält ohne dass Du es unentwegt bemerkst.

## Gott

Warum suchst Du Gott in tausend Bildern?

Blicke in Dich und Du wirst ihn finden. Denn er ist in Dir.

Nach seinem Bild bist Du erschaffen. Nach seinem Plan wirkst Du in der Schöpfung. So bist Du ein Teil von ihm, wie auch jedes andere Geschöpf dieser Erde. Blicke um Dich und Du wirst Gott in allem finden, was Dich umgibt.

## Gotterkenntnis

Als das Gesetz geschrieben wurde: Du sollst Dir kein Bild und Gleichnis von Deinem Gott machen, wurde dieses Gebot gegeben, um aufzuzeigen, dass Gotterkenntnis eine völlig individuelle Erfahrung ist. Deswegen misstraue allen, die Dir Gott erklären wollen, denn dahinter steckt nur das Bedürfnis, Macht über Dich zu gewinnen. Lasse Dir Wege der Sammlung zeigen, die ein Näherkommen an Gott ermöglichen, aber gehe den Weg allein, denn Dein Erkennen von Gott wird so einmalig sein, wie es der Abdruck Deines Daumens ist.

## Grundsätze

Was immer Dir die Welt einreden mag, folge allein dem, was Du in Deinem Innersten als richtig erachtest. Vertraue dem, was Du sollst, nicht dem, was Du willst. Die Treue zu Dir selbst ist der allererste Grundsatz, von dem aus alle weiteren ihren Fortgang finden. Dein Vorbild sei der Baum, der den Stürmen trotzt. Denn auch Du wurzelst in tiefem Erdreich, das Dir hilft, nicht ohne Grund zu sein.

## Gutmütigkeit

Man wird versuchen, Dich wegen ihr zu tadeln. »Du bist zu weich«, wird es von manchen heißen. »Werde endlich stark« und »Setze Dich durch« werden andere Dir empfehlen. Wissen sie nicht, dass die Gutmütigkeit der allergrößten Stärke bedarf, dass nichts schwieriger ist, als gegen alle Gewalt die Gutmütigkeit zu setzen? Sei guten Mutes, sagen wir, denn Du bist ein Kind, das aus dem Mut zu leben geboren wurde und dessen Seele genug Mut hat, um auch die finsterste Nacht zu erleuchten. Deswegen sei fröhlich und gleichmütig und wisse, dass Deine Gutmütigkeit Dein Schutz und Deine Stärke ist gegen die Mutwilligkeit der anderen.

# H

## Habsucht

Betrachte die Habsüchtigen und sieh, wie sie versuchen, mit ihrer Habe einen Schutzwall um sich zu errichten, den sie brauchen, weil sie des Selbstvertrauens und der Liebe entbehren. Gib den Habsüchtigen Liebe, damit sie lernen, was wirklich notwendig ist, zu haben: die Fähigkeit, loslassen zu können, um Neues zu gewinnen.

## Haltlosigkeit

Es ist die Erde, die Dich trägt.

Es ist die Mutter, die Dich hält.

Es ist der Tod, der Dich in seine Arme nimmt.

Wie kannst Du klagen, Du hättest den Halt verloren! Und wir sind auch noch Da, hast Du das schon vergessen?

Fürchte Dich nicht, es gibt immer einen, der Dich auffängt.

Hab keine Angst, Du kannst Dich nicht verlieren. Der große Schutz weiß immer, wann es Zeit ist, Dir zu helfen. Dann schickt er Dir einen von uns. Du wirst ihn zwar nicht erkennen, aber das brauchst Du auch gar nicht. Wichtig ist nur, dass Du von nun an weißt, dass Du zu jeder Zeit geborgen bist.

## Handeln

Blicke auf Deine Hände. Denke darüber nach, was ihre Aufgabe und Bestimmung ist. Meinst Du nicht auch, sie seien mächtig genug, Dein Begehren zu verwirklichen? Du bist zum Handeln geboren. So werde ruhig in Deinen Gedanken, damit Dein Handeln zum Segen für Dich und andere werden kann. Werde Dir bewusst über Deine Beweggründe und über die Folgen Deines Wirkens, denn Du bist Teil im großen Handel des Weltgeschehens. So behandle Dich und andere sorgsam, denn auch die kleinste Handlung könnte dazu angetan sein, Dein Geschick für immer zu verändern.

## Hass

Hass ist ein Gift der besonderen Art, denn genau wie die Angst zersetzt er Eure Körperzellen und erzeugt Krankheit und Zerstörung.

Wenn Dich etwas so tief betrifft, dass Du meinst, es hassen zu müssen, warum klärst Du dann nicht zuerst, warum es Dich so tief betrifft?

Dein Hass ist immer ein Widerstand gegen das Aufgeben lang gehegter Meinungen und Muster. Vergib also nicht die Chance, dies zu erkennen, solltest Du den Hass in Dir wachsen spüren. Je intensiver Dein Gefühl ist, desto größer ist die negative Erfahrung, die Du in Dir trägst. Lasse Deinen Hass nicht in Deine

Seele wandern, sondern durchschaue ihn und löse ihn damit auf. So wirst Du Dich erkennen und Deine Fesseln lösen können.

## Heimat

Jeder, der glaubt, seine Heimat in der Materie finden zu können, ist heimatlos, denn nichts ist vergänglicher als sie. Ihr seid aus dem Geist gekommen und geht zurück in ihn. Dort ist Eure Heimat.

Schafft Euch körperliche Geborgenheit, Zugehörigkeit und Schutz in Eurer weltlichen Heimat, aber vergesst nie, dass dies alles nur ein Versuch ist, darzustellen, wie vollkommen Eure wirkliche Heimat ist.

Darum bedeutet Heimat auch immer Sehnsucht, sowohl für jene, die Sie verloren oder nie gefunden haben, als auch für die, welche scheinbar beheimatet sind. Denn die Erfüllung eines Bedürfnisses ist immer nur der nächste Schritt in die Veränderung, die letztendlich bringt, wonach Ihr Euch sehnt.

## Herzensgüte

Man mag Dich verlachen, wenn Du von ihr sprichst. Man mag Dich verspotten und Dich für einen Schwächling halten, weil Du diese Güte in Deinem

Herzen trägst. Doch ist sie die Erstgeborene aller Eigenschaften und sie wird auch am Ende stehen. Sie gleicht dem Wasser, das stärker ist als jedes Schwert. Sie gleicht dem steten Tropfen, der den härtesten Stein zu höhlen vermag. Herzensgüte ist eine Schwester der Liebe und ist stärker als selbst der Tod.

## Hoffnung

Raube einem Menschen die Hoffnung und Du raubst ihm die Kraft zu leben.

Die Gedanken der Hoffnung formen Eure Zukunft und sind gleichzeitig Ahnungen, die Euch den Weg weisen können. Deswegen gibt es keine falschen Hoffnungen.

Denn an der Erfüllung oder Versagung wirst Du Deinen Weg erkennen und erlernen, Deine Erwartungen in die richtigen Bahnen zu lenken. Und so wird Deine Hoffnung zu dem werden, was sie sein sollte: der Glaube an Dich selbst.

# I

## Individualismus

Weißt Du, woher Deine Zerrissenheit stammt? Sie kommt daher, dass Du einerseits Individuum, das heißt un-geteilt bist, andererseits aber gerade dorthin strebst, wo die Gruppe ist und Du Deine Individualität aufgeben musst. Dieser Zwiespalt ist nur selten zu überwinden. Am besten gelingt es entweder in völliger Einsamkeit, wenn Du Dich mit dem Höheren verbindest oder in der Ausgelassenheit der Gruppe, in der dann alle eines sind. Beides miteinander zu verbinden und gleichberechtigt gelten zu lassen und – vor allem – dies zu leben, das wäre die Antwort auf den Zweifel und die Orientierungslosigkeit. Ich bin ich, aber auch: Ich bin wir. Wir sind Du, aber auch: Wir sind wir, und Du bist Du.

## Inkonsequenz

Man wirft Dir vor, nicht immer konsequent zu sein, Deine Meinung oft zu ändern. Ist jemand, der das Gegenteil unternimmt, deshalb besser? Oder müsste man ihn nicht gerade deshalb stur und unflexibel nennen? Da es für die Lebenssituationen keine Patentrezepte gibt, ist es nötig, immer so zu handeln, dass man auf die jeweiligen Umstände in der Weise reagieren kann, wie sie es erfordern. Und dabei ist Konsequenz meist hinderlich.

## Instinkt

Eure Instinkte sind verkümmert. Ihr wisst nicht mehr, was das Richtige für Euch ist, eben weil Ihr Euren Instinkten zu folgen nicht mehr in der Lage seid. Ihr wisst auch selten, wer der Richtige für Euch ist, weil Ihr auch hierfür das Gespür verloren habt. Wie konnte dies geschehen? Es ereignete sich, weil Ihr nur Wirklichkeiten und Vorbildern folgtet, die geschaffen wurden, um Euch in die Irre zu führen und abhängig zu machen. Der Weg aus diesem Labyrinth lässt sich nur finden, wenn Ihr begreift, was Euer freier Wille ist.

# J

## Jenseits

Es ist falsch, auf Liebe, Gerechtigkeit und Glück in einer anderen Welt zu warten. Denn obwohl Du ein Kind des Diesseits bist, lebt doch das Jenseits gleichermaßen in Dir, denn Du stammst aus der Unendlichkeit, die jenseits Deines Begreifens liegt. Um Deine Arbeit hier auf Erden zur Vollkommenheit zu bringen, musst Du jedoch wissen, dass es ein jenseitiger Plan ist, den Du hier im Diesseits zu erfüllen hast. Dieser Plan ruht in Dir, wie das Wissen um Deine Herkunft, unbewusst, doch immer existent. Alles, was Du im Diesseits erleben kannst, hat zuvor im Jenseits entstehen müssen. So ist das Jenseits Deine eigentliche Heimat, Deine wirkliche Basis und die Quelle allen Urvertrauens.

## Jugend

Jugend ist nicht nur ein kurzer Lebensabschnitt, sondern eine Form des Denkens.

Jugend ist Neugier, Glaube an die Zukunft, Mut zum Unmöglichen, Abenteuerlust und Beweglichkeit.

Du kannst äußerlich altern und Dir trotzdem die Vorteile der Jugend bewahren, was wiederum bewirken wird, dass Du äußerlich langsamer älter wirst. Bewahre Dir also Deine Jugendlichkeit durch Begeisterungsfähigkeit, durch Unternehmungslust und durch die Bereitschaft, Neues zu erlernen und zu erfahren. So wirst Du aufnahmefähig sein für die Zeichen Deines Schicksals und für die Zeichen der Zeit, und Deine Reaktionsfähigkeit wird wach bleiben wie Dein Geist.

Dann kannst Du zum Vorbild werden für die, welche an Jahren jung sind, und Du wirst erfahren, dass diese Deine Gesellschaft suchen werden und Dich damit einbinden in einen besonderen Kreis von Energie, der denen verschlossen bleibt, die sich der Alterung durch Pessimismus und Gleichgültigkeit ergeben haben.

# K

# Kinder

Sie sind nicht Dein Spielzeug und nicht Deine Garantie für ein Dasein in der Ewigkeit. Durch sie wirst Du nicht unsterblich. Kinder sind um ihrer selbst auf dieser Welt und sie zeigen Dir, wie Du hättest sein können, wenn Du mehr der Stimme der Liebe gelauscht hättest als jener der Vernunft.

Ein Kind ist Leben, ist Werden, Wachsen und Vergehen. Mit glänzenden Augen spielt es mit den Tieren auf der Weide und lässt sein Haar vom Wind liebkosen. Bis Du kommst und ihm das Leben lehren willst. Von diesem Zeitpunkt an verstummt sein Lachen und der Glanz in seinen Augen stammt einzig von den Tränen. So werden Deine Kinder auch immer Zeugen Deiner Schuld sein, Deiner Schuld, dieses Leben missverstanden zu haben. Gib Deinen Kindern die Chance, ihre Träume zu leben, denn nur dadurch wirst Du Deine eigenen Träume erlösen können.

# Klarheit

Je klarer Euer Geist ist, umso klarer wird Euer Handeln sein. Ihr werdet erkennen, was Eure Aufgabe ist. Ihr werdet helfen, wo Hilfe notwendig ist. Ihr werdet anderen von Eurer Klarheit schenken, damit Euer Licht ihre Nacht erhelle.

Wenn Ihr Eure Klarheit für andere einsetzt, wird Eure und die Seele der anderen auf-klaren.

Welches von allen Getränken schmeckt am besten und erfrischt am meisten? Das reine, klare Wasser.

## Körper

Für eine bestimmte Lebenszeit wurde Dir Dein Körper zu Lehen gegeben.

Absichtlich haben wir dieses alte Wort verwendet, weil wir nicht wollen, dass Du es übergehst. Wie gehst Du mit Dingen um, die Du Dir von Freunden leihst? Und bist Du betreten, wenn mit einem von Dir verliehenen Gegenstand sorglos und nachlässig umgegangen wird?

Denke nun nach, was Dein Schöpfer zu der Verwendung des an Dich verliehenen Körpers zu sagen hätte?

Dein Körper ist gebildet worden aus den Möglichkeiten des Planeten Erde. Also hat er in seinem genetischen System alle Erinnerungen an diese Herkunft bewahrt.

Du jedoch kommst aus einer geistigen Existenz, die ungebunden von Materie gewohnt ist, da zu sein. Bist Du Dir bewusst, welche Anforderungen allein schon dadurch an Deinen Körper gestellt werden?

Überfordere ihn also nicht und achte auf seine Bedürfnisse, damit Dein unruhiger Geist nicht zum Zerstörer Deiner wichtigsten Behausung wird.

## Krankheit

Krankheit ist ein Signal, eine Re-Aktion. Sie ist ein deutlicher Hinweis darauf, dass die Grundbestimmung verfälscht worden ist. Krankheit ist der Weg zurück in die ursprüngliche Bestimmung.

Krankheit entsteht in Eurem Seelenkörper zu erst, weil dort der Geist missverständlich gebraucht wird. Dort also müssen Krankheiten erkannt und geheilt werden. Sonst schleppt Ihr den Erzeuger Eures Missbefindens über alle Eure Leben mit Euch herum.

Bekämpft Krankheiten nicht nur mit Medikamenten und mit dem Operationsmesser, sondern vor allem mit der Bereitschaft, Euer Leben und seine Wirksamkeit in der geistigen wie auch in der materiellen Welt zu überprüfen.

## Krieg

Solange Ihr uneins seid mit Euch, solange werdet Ihr die Bereitschaft in Euch tragen, uneins zu sein mit dem Nächsten.

Solange wird es Kampf, Krieg und Vernichtung geben.

Schafft also zuerst Frieden mit Euch selbst, dann Frieden in Eurer Familie und schließlich Frieden mit Euren Mitmenschen. Wäre jeder bestrebt, so zu handeln, es wäre mehr erreicht als mit allen Friedensversammlungen, die Ihr im Laufe Eures Lebens veranstalten könntet.

Denn dies wäre der Beginn, Euer Herrschaftsdenken aufzulösen, aber auch Eure Machtbedürfnisse und Aggressionen dem scheinbar Fremden gegenüber, von dem Ihr glaubt, dass er Eure Gewohnheiten verändern oder beeinflussen könnte. Krieg ist immer der Versuch, ein Umfeld gewaltsam in die eigene Vorstellungswelt zu zwingen, von der man annimmt, sie sei die einzig wahre und gültige Welt. So werden immer wieder neue Begrenzungen geschaffen. Doch jede Grenze ist eine Aufforderung zum Übergriff.

Also schaffe zuerst Deine Grenzen ab und lehre andere dadurch, ohne Angst zu sein.

## Kunst

Nur wenn Du die Menschen liebst, wird es Dir möglich sein, wahre Kunst zu schaffen.

Nur wenn Du das Leben liebst, wird es Dir möglich sein, Menschlichkeit zu schaffen.

Kunst ist Menschlichkeit, aus der Liebe geboren. Liebe ist Kunst, aus der Menschlichkeit erwachsen. Du bist ein Kunstwerk, aus Liebe und Menschlichkeit geformt.

Nur wenn Du mit heißem Herzen dieses Wissen weitergeben kannst, wirst Du wahre Kunst erschaffen und dadurch den anderen Menschen kunstvoll die Augen öffnen können, damit sie bereit sind, dem Kunstwerk des Lebens mit Freude zu begegnen.

# L

## Lächeln

Was ist es, das uns durch ein Lächeln anblickt? Weshalb sind wir davon so ergriffen und lächeln zurück?

Hinter einem Lächeln verbirgt sich die Liebe Gottes.

Und die Liebe Gottes drückt sich in der Freude aus zu leben.

Schau ein Kind an, das lächelt.

Es weiß, was es tut.

Aber es weiß auch, warum es weint.

Es weint, weil zu wenige lächeln.

## Leiden

Betrachte die Geschichte der Welt und Du wirst feststellen, dass der Vorrat an Hass, Krieg, Armut, Krankheit und Leiden immer gleich geblieben ist.

Er hat sich nur gelegentlich verlagert.

Dieser Vorrat hat sich gebildet, weil Ihr an ihm teilnehmen wollt. Aus Eurer Bereitschaft gewinnt er die Energie, zu existieren. Ihr rottet eine Krankheit aus. Sofort entsteht eine andere, scheinbar noch schlimmere, die vielleicht noch mehr Leid und Schmerz verursacht, als die soeben ausgerottete.

Es hat sich nur der Name der Krankheit geändert, nicht aber ihre Ursache. Leid, Schmerz, Hass, Armut und Krieg werden dann von Eurem Planeten verschwinden, wenn Ihr nicht mehr an ihnen teilhaben wollt.

Überprüfe also Deine Bereitschaft, Leid und Schmerz Dir und anderen zuzufügen, und werde Dir gegenwärtig, wie viele Gesichter diese Bereitschaft hat.

## Leidenschaft

Willst Du ein Vulkan sein, aus dessen Inneren alles Angestaute hochgeschleudert wird? Und was machst Du, wenn Deine Lava alles auffrisst, was ihr auf dem Weg ins Tal begegnet? Und Deine Asche alles unter sich begräbt?

Bedenke vor allem den Zustand nach der Eruption: dann bist Du ausgebrannt, erstarrst zu unlebendigem Gestein, wirst kalt und ohne jegliches Gefühl. Die einzige Hoffnung, die Dir bleibt, ist ein neuerlicher Ausbruch. Doch das kann Jahrmillionen dauern. Wäre es nicht besser, den Vulkan in Dir am Brodeln zu halten, ohne auszubrechen? Dann bist Du ständig tätig, aber niemals so, dass andere wegen Dir alleine leiden müssen! So fügst Du niemandem Schaden zu, doch alle werden Dich bewundern wegen Deiner Lebenskraft. Noch mehr jedoch auch wegen Deiner Kunst der Mäßigung.

## Liebe

Du fühlst Dich arm, wenn Du ihrer entbehrst, und um so reicher, wenn sie Dich mit Freuden umarmt. So ist die Liebe ein Kind von Reichtum und Armut zugleich. Unvergänglich ist sie, denn sie besiegt sogar den Tod. Durch ihre Kraft wirst Du befähigt, alles, was Du wünschst, der Vollendung zuzuführen. Ihr Atem lehrt Dich, dass Deinem Leben ein geheimer Sinn einwohnt.

Doch weshalb kommt sie, weshalb geht sie, wenn sie es will? Weil sie das Leben ist. Lieben heißt leben in der Bewusstheit, gewollt zu sein. Lieben heißt dienen in dem Verständnis, den Fernsten glücklich zu machen. Lieben heißt bereit sein zu kämpfen, wenn die schwarzen Schwingen des Unheils nahen und Dich mit sich nehmen wollen. Lieben heißt standhaft sein, wenn die Dunkelheit das Licht verdrängt und Du nicht einen Weg noch siehst. Die Liebe also bist Du selber.

## Lüge

Du fragst uns nach der Lüge?

Du könntest genauso gut nach Bequemlichkeit, Feigheit und Heuchelei fragen. Denn aus diesen dreien entsteht die Lüge. Sage nicht: »Ich habe den anderen nicht verletzen wollen« oder »ich habe mich schützen müssen«. Die Wahrheit ist, Du hast die Begegnung mit der Wahrheit gescheut. Dabei hast Du die Klärung einer Situation verweigert und verschoben. Sage uns, wem soll das nützen?

Wäre in jeder Lüge, die Ihr sprecht, ein Quäntchen Dunkelheit, so würdet Ihr in ewiger Nacht leben, denn Ihr seid so gewohnt zu lügen, dass Ihr es schon aus reiner Gedankenlosigkeit unentwegt tut.

Ihr habt Euer Gewissen und Euer Bewusstsein so selbstverständlich stille gemacht, dass es Euch schon selber nicht mehr auffällt, wie oft Ihr die Unwahrheit gesät habt und wie oft Ihr Euch selbst belügt.

Auf der anderen Seite wollt Ihr unsere Sprache verstehen, die Euch nur über Gewissen und Bewusstsein erreichen kann.

Werdet also bewusst und geht gewissenhaft mit Euch und anderen um, dann wird auch Eure innere Stimme wieder erwachen und wahr sprechen.

# M

## Macht

Alle Machthaber meinen, sie müssten durch Druck von oben Macht ausüben. Und die, die diesem Druck erliegen, versuchen ebenfalls Macht auszuüben – nur in umgekehrter Richtung. So trifft die Macht in der Mitte auf sich selbst und erzeugt wieder nur das Begehren nach Unterdrückung.

Wahre Macht aber macht niemals unfrei, wahre Macht befreit. Deshalb sind die Machthaber niemals zu bewundern, sondern eher zu bedauern. Denn sie werden niemals das Geschenk der Freiheit kennen lernen.

## Meinung

Höre auf die Meinung anderer, doch mache sie Dir nicht wahllos zu eigen. Erwarte auch nicht, dass andere die Deine übernehmen. Prüfe Dein Verständnis für die Dinge und das der anderen. Wenn es Bestand hat vor dem Altar der Ewigkeit, dann weißt Du, dass Du vor der Wahrheit stehst.

## Mensch-Sein

Weder Erdenwurm noch Krone der Schöpfung bist Du in Deinem Sein. Weder ein Nichts noch ein Gigant. Du bist nicht Tier und bist nicht Gott. Du stehst auch nicht dazwischen. Schön bist Du und hässlich, gut bist Du und böse, stark und schwach zugleich. Nicht der Herr der Welt bist Du und auch nicht ihr Sklave. Du bist anders als Dein Nachbar, doch auch gleich wie er. Vergangenheit bist Du, aber auch das Kommende. Was Du erbaut hast, zerstörst Du wieder, und was Du vernichtest, richtest Du erneut. Ob Deine Träume wirklich sind, weißt Du genauso wenig, wie Du wissen kannst, ob Deine Wirklichkeit ein Traum ist. Du bist glücklich und Du klagst voll Sorge, Du vergießt Tränen aus Freude und aus Leid. Du lebst und wirst doch sterben und hoffst auf Ewigkeit. Wissen willst Du, wer Du bist? Warum fragst Du uns? Die Antwort steht in Deinem Herzen geschrieben.

## Mitmenschen

Gleich, wie alt Du bist, ohne Deine Mitmenschen könntest Du nicht leben. Wenn Du geboren wirst, brauchst Du Deine Mutter, als Jugendlicher Deine Lehrer, als Erwachsener Deinen Partner und als Greis Deine Pfleger. Alle diese lassen Dich wissen, dass Du nicht alleine bist. Sie sind Deine Freunde.

Glücklich ist der, der als junger Mensch viel Umgang mit Alten hat und als alter viel Umgang mit Jungen. Denn nichts ist stärker als die Einheit von Tatkraft und Erfahrung, von Willen und Weisheit. Man sagt der

Jugend Ungestümheit nach und dem Alter Abgeklärtheit. Beides kann alleine nichts bewirken. Erst durch den Energieaustausch von Anfang und Ende wird das entstehen, was wir die Mitte nennen. In dieser Mitte ist jener gesunde Fortschritt zu Hause, ohne den die Welt nicht lebensfähig wäre. So auch Du: Erst wenn Du Deine Mitte gefunden hast, fängst Du an, zu leben.

## Misstrauen

Lasse Dir sagen, dass trotz scheinbarer Widersprüchlichkeit Vertrauen und Misstrauen Geschwister desselben Elternpaares sind, die da heißen Urteilsfähigkeit und Sicherheit. Wenn Du gegen jemanden misstrauische Gefühle hegst, so empfindest Du nichts anderes als eine Ahnung Deines eigenen Unvermögens und Deiner Unzuverlässigkeit. Frage Dich also, welche Schwingung in Dir Dich in das Umfeld eines Menschen gebracht hat, der diesen Eigenschaften in Dir entspricht. Sind es Erwartungen, von denen Du vielleicht sogar aus Erfahrung befürchtest, dass sie Dich erneut in eine Enttäuschung führen könnten?

Einer Enttäuschung geht immer eine Täuschung voraus. Eine Täuschung, die aus dem Willen entstand, dass die Welt mit ihren Menschen und Ereignissen so sein soll, wie Du es gerne hättest oder für gut befindest.

Also hat Misstrauen immer mit Wahrheit zu tun und zwar nicht mit Deiner subjektiven Wahrheit, sondern mit einer, die man als Gesetz bezeichnen könnte. Kläre, inwieweit Deine Wahrheit noch immer der Prüfung bedarf, um in die Objektivität zu gelangen, und nimm Dein Misstrauen als Lehrmeister und Prüfstein Deines Selbst wahr.

Je klarer Dein Selbst wird, desto mehr werden die Anlässe, die in Deinem Leben Misstrauen erzeugen können, schwinden und Du wirst zu einer Persönlichkeit reifen, deren Höheres Selbst das Misstrauen in Deinem Leben überflüssig machen wird.

## Mitleid

Mitleid ohne die Bereitschaft zu helfen, ist nutzlos.

Sei hilfsbereit, wenn Du Leid siehst, denn sonst nimmst Du nur teil an einem Leid, das nicht Dein eigenes ist, und vergrößerst somit nur den Schmerz. Stehe dem anderen bei, aber leide nicht mit, sondern bilde den Gegenpol, aus dem die Kraft kommt, die er benötigt, um seinen Schmerz zu wandeln.

## Mode

Mode ist ein Ausdruck der Wandelbarkeit des Menschen, seiner Möglichkeiten, sich zu verändern und zu spielen. Solange Du nicht zur Marionette wirst, solange Du nicht vergisst, dass Du nur an einem Spiel teilnimmst, kann Mode zu Bildung Deiner Urteilsfähigkeit beitragen.

Für Dich kann Mode ein Prüfstein sein, zu erkennen, wie weit Du abhängig bist von Äußerlichkeiten.

Denke nach, was Du wirklich brauchst.

## Mord

Liebe Deinen Nächsten wie Dich selbst!

Nur wer diese Botschaft verstanden hat wird begreifen können, dass jede Gewalttat ein Akt gegen das eigene Selbst ist, ganz gleich, ob sich die Gewalt gegen den Körper oder die Seele richtet.

Niemand und nichts verschwindet aus Eurer Welt, sondern alles verwandelt sich. Das Gemordete kehrt wieder in der entsprechenden Energie und wird sein Recht fordern bis zur restlosen Erfüllung, und zwar von denen, welche verantwortlich waren. Denn niemals ist der Ausführende der alleinige Gewalttäter, sondern er ist das Ende einer Kette, deren Glieder die Vorbereitung begünstigt haben.

## Musik

Am Anfang war der Klang, der durch das Wort ins Leben gerufen wurde.

Also ist Musik ein Ausdruck Gottes, Harmonie und Dissonanz ein Ausdruck der Polaritäten von Zusammenfügen und Auflösen, von Anspannung und Entspannung.

Musik kann Deine Seele heilen und zerstören. Viele Geheimnisse sind in den Klängen verborgen, welche die Musik ausmachen. Hüte Dich vor sogenannter Musik, die nur Anspannung bietet. Sie ist zerstörerisch.

Suche Musik, die aus dem Herzen stammt, und lausche Stimmen, die von Herzen singen, und lerne mit ihnen zu singen, denn wenn es etwas gibt, was noch mächtiger ist als das gesprochene Gebet, so ist es das gesungene Wort.

Die Kraft eines Chors ist im Guten wie im Schlechten unermesslich, denn immer dort, wo Menschen sich zusammenschließen, vermehrt sich diese Kraft.

In längst vergessenen Zeiten und versunkenen Kulturen wurde diese Macht zur Heilung, zur Verteidigung, zur geistigen Reinigung, aber niemals – wie in jüngerer Zeit – zur Zerstörung und Vernebelung der Sinne verwandt. So sei nicht wahllos im Hören von Musik, denn immer wirkt sie auf die Seele. Was Du wahrnimmst in der Musik – es wird in Deinem Leben wahr.

# Mut

Mut ist die Kraft Deiner Seele, wenn Du nicht müde wirst, in dieser Welt still die Liebe zu gebären. Mut ist Deine Herzenskraft, wenn du nicht müde wirst, Deinem Feind die Hand zu reichen und ihn weinend zu umarmen.

Mut ist Deines Geistes Kraft, wenn Du nicht müde wirst, die Wahrheit Deines Lebens wortlos anderen zu zeigen.

# N

# Nächstenliebe

Wäre das Wort »Liebe« von Euch nicht so missbräuchlich verwendet, es fiele uns leichter, über die Nächstenliebe zu sprechen. Lasst uns statt dessen zuerst über Gleich-Gültigkeit reden.

Auch dieses Wort hat im Laufe der Zeit eine entscheidende Veränderung erfahren. Ist es nicht so, dass Du sofort an Desinteresse denkst, wenn Du dieses Wort hörst?

Doch meint es nichts weniger als das.

Denn »gleich-gültig« sein heißt, dass Dein Gegenüber für Dich denselben Wert darstellt, wie Du Dir selbst.

Könnte es möglich sein, dass das Wort Gleich-Gültigkeit in dem Maße seine ursprüngliche Bedeutung verloren hat, so wie Ihr die Begriffe Selbstbewusstsein und Egoismus anfingt, zu verwechseln? Dein Nächster, wie nahe oder wie fremd er Dir auch sein mag, ist aus demselben Stoff gemacht wie Du, die Luft, die er ausatmet, atmest Du ein, und dasselbe Begehren nach Vervollkommnung hat ihn wie Dich ins Leben getrieben. Seine Gedanken werden von derselben Geistesmacht bewegt, wie die Deinen, seine Ängste von denselben Dämonen gespeist. Warum also verweigerst Du eine Gleichstellung?

Niemals hat Jesus verlangt, dass Du jeden lieben sollst, dem Du auf Deinem Weg begegnest. Wohl aber hat er verlangt, dass Du ihn mit wacher Gleich-Gültigkeit wahrnimmst, auf dass sich Deine eigene Wahrnehmung vergrößere.

Das ist der wahre Sinn und Nutzen der Nächstenliebe.

## Nähe

Zu viel an Nähe schafft Distanz. Zu viel Distanz schafft aber keine Nähe. Wie also soll man damit umgehen? Wir raten Dir: Suche die Nähe, aber wenn sie Dir oder anderen zur Last wird, dann ziehe Dich für eine Weile zurück. Komme erst wieder, wenn Du spürst, man bedarf Deiner. Dränge Dich nicht auf. Komme, wenn Du gerufen bist, und gehe, wenn die Zeit dafür naht.

## Natur

Du bist ein Teil von ihr und siehst es nicht. Du kennst nicht Deine wahre Mutter und nicht Deinen wahren Vater. Eine Waise bist Du. Kein Wunder also, dass Du ständig auf der Suche bist. Würdest Du die Wurzeln kennen, würdest Du sehen, worauf Du stehst, wer Dich trägt und wer Dich nährt, Du könntest nimmermehr den Elternmord begehen. Von nun an achte Deine Ahnen nicht anders wie die eigenen Kinder als Deine eigentliche Natur. So wirst Du die gesamte Natur mit der Achtung zu behandeln lernen, die ihr gebührt.

## Neid

Mit jedem Gedanken, den Du an den Neid verschwendest, tust Du nichts anderes, als zu verkünden, wofür Du selbst noch nicht reif und bereit bist.

Freue Dich an jedem, der scheinbar mehr bekommen hat als Du selbst, denn er ist es, der Dir Deinen Weg zu ebnen hilft, indem er Dir die Möglichkeiten des menschlichen Daseins vor Augen führt.

Beobachte und lerne mit Aufmerksamkeit und ohne Neid, denn wisse, Du wirst erhalten, was Du Dir selbst bestimmst.

## Not

In einem einzigen Augenblick kann die Not Dich zum unglücklichsten Menschen machen.

Du vermagst aber auch durch sie zum glücklichsten Menschen zu werden, wenn Du sie in einem einzigen Augenblick überwindest.

## Notwendigkeit

Das einzige, was wirklich notwendig ist, bist Du selbst!

# O

## Offenheit

Verbirg Deine Fehler nicht vor anderen. Zeige ihnen, wer Du bist. Nehmen sie Dich an, kannst Du ihnen vertrauen. Lehnen sie Dich ab oder verspotten sie Dich, verzichte auf sie. Nur vollkommene Offenheit schafft vollkommenes Vertrauen. Und nur dieses hat das Recht, »Liebe« genannt zu werden.

## Optimismus

Weshalb sollte man pessimistisch sein? Oder realistisch? Wer die Gesetze des Geistes kennt, weiß, dass alles möglich ist, wenn das Ziel ein gutes ist. Darum sollte man seinen Optimismus niemals den Gegebenheiten opfern. Nur der Optimismus vermag es, aus dieser Welt eine noch bessere zu machen. Nur dem Optimismus kann es gelingen, den Menschen aus seiner Beschränkung zu befreien. Doch sollte man den Optimismus niemals mit »Blauäugigkeit« verwechseln.

## Ordnung

Im Kosmos, auf der Erde und in der Natur war anfänglich »alles in Ordnung«, warum aber nicht in des Menschen Seele? Weil er seinen Ursprung vergessen hat, so dass er haltlos geworden ist und darum meint, den Kosmos, die Erde und die Natur besiegen zu müssen. Ordnung in seinem inneren und äußeren Bereich erlangt der Mensch nur, wenn er sich mit seinem Ursprung wieder verbindet und dadurch das Gesetz »Wie oben – so unten« erfüllt.

# P

## Paradies

Ihr meint, Ihr seid aus dem Paradies vertrieben worden? Diese Ansicht ist falsch. Ihr lebt im Paradies – und seht es nicht. Ihr seid dabei, es zu zerstören, damit vertreibt Ihr euch selbst. Eure Erbsünde steht Euch erst noch bevor.

Noch habt Ihr eine winzige Chance, im Paradies zu verbleiben. Wir hoffen, dass ihr sie wahrnehmt, denn wir wissen, was Euch jenseits des Paradieses erwartet.

## Pflicht

Du hast die Pflicht, Dir selbst zu folgen.

Nicht »Tu, was Du willst«, sei aber Dein Gebot. »Tu, was Du sollst«, heißt jenes Wort, das Dich einst vor den Thron der Weisheit trägt.

## Phantasie

Falls Du sie brauchst, um der Wirklichkeit entgehen zu können, wird nichts Bedeutendes dabei entstehen. Gebrauchst Du sie aber, um das Leben anderer zu bereichern, wird auch Dein eigenes reicher sein.

## Positives Denken

Stelle Dir vor, dass jedes gedachte Wort einen Ton erzeugt und jeder Satz eine Melodie, die ewig bestehen bleibt und die für jedermann als hörbare Mitteilung Deiner innersten Haltung zu erkennen ist.

Ihr redet immer gerne von positivem Denken und Ihr meint, dass Ihr Euch damit das Leben »schöndenken« könnt. Das ist vollkommen falsch.

Dein Gehirn ist ein Energiezentrum mit der Fähigkeit zu senden und zu empfangen und Du bist imstande, mit Deinen Gedanken energetische Gedankenbilder zu erzeugen, die so machtvoll sein können, dass die Materie ihnen entsprechen muss. Deshalb ist größte Vorsicht geboten im Umgang mit Gedankenenergie. Denn wenn Du Dir mit Gedankenbildern ein Schicksalsumfeld heraufbeschwörst, das Deinen Lebensplan überfordert, so wird sich das materialisierte Bild gegen Dich wenden, und Du wirst für Deine Anmaßung zahlen müssen.

Sei also vorsichtig mit Deinem Begehren und Deinem Wünschen. Lerne, in Dich zu hören. Das Vertrauen in Deine geistigen Führer und Helfer und die liebevolle Konzentration auf sie, wäre die Form von positivem Denken, die Du praktizieren sollst, und nicht dieser Unsinn von geschönten Phantasiebildern, die der Verwirklichung des Schicksalsplans nur entgegenwirken.

Wenn Du geliebt werden willst, dann stelle Dir nicht vor, dass Du geliebt wirst, sondern schicke den betreffenden Personen Deine Liebe. Wenn Du Erfolg haben willst, dann stelle Dir nicht vor, wie Du Dich in Deinem Ruhm sonnst, sondern welche Freude Du durch Deine Aktivitäten Deiner Umwelt bereiten könntest. Das ist positives Denken: Das Streben nach Glück und Liebe, um anderen Glück und Liebe weitergeben zu können.

Q

# Qual

Was quält Dich?

Ein Leiden, ein Kummer, eine Sorge?

Warum wehrst Du Dich nicht?

Wurdest Du geboren, um gequält zu werden?

Oder wurdest Du geboren, um die Dunkelheit zu überwinden?

Jeder quälende Gedanke ist ein Angriff aus der Dunkelheit, aus der Welt, in der sich die Wesenheiten befinden, die sich an Eurer Angst ergötzen und von dieser Kraft leben.

Willst Du solche dunklen Gestalten ernähren?

Willst Du von solchen Kräften wider Deiner Bestimmung verwendet werden?

Werde Dir bewusst, dass jede Überwindung Deiner Qual ein Sieg über den Teil einer dunklen Welt ist, die Dein Glück von Dir fern hält.

Steh auf und kämpfe!

# Quelle

Gott ist die tiefste aller Quellen.

Gott ist die erfrischendste aller Quellen.

Gott ist die beste aller Quellen.

Gott ist die schönste aller Quellen.

Diese Quelle

trocknet niemals aus,

ist niemals vergiftet,
ist überall vorhanden,
ist nicht zu übersehen.

Du findest diese Quelle deshalb so mühelos, weil sie in Dir ist.

# R

## Rache

Kein Racheplan, den je ein Mensch ersinnen kann, wird jemals so wirksam sein, wie die ewigen Gesetze, die durch alle Zeiten gültig sind und jeder Tat die vollkommene Entsprechung entgegensetzen. Dies hat nichts mit einer kleingeistigen Idee von Belohnung und Bestrafung zu tun, sondern damit, dass die Tat selbst die Folgen durch sich selbst auslöst.

Nimmst Du Rache, so setzt Du eine Tat in die Welt, die eine entsprechende Reaktion bedingt. Also entziehe Dich diesem Kreis der ewigen Vergeltung durch Vertrauen und durch das Wissen, dass eine höhere Macht Dir die Genugtuung verschaffen wird, welche die vollkommene ist.

## Rasse

Auch wenn es verschiedene Hautfarben gibt, darunter sehen alle Menschen gleich aus. Es gibt nichts, was sie voneinander unterscheiden würde.

Alle haben sie Knochen, Fleisch, Muskeln, Organe.

Alle haben sie dieselben Knochen, dasselbe Fleisch, dieselben Muskeln, dieselben Organe. Wer könnte da noch von Rasse sprechen?

Alle Menschen sind gleich – alle Menschen sind eins.

## Rechtschaffenheit

Sie ist die Treue zu Dir selbst und zu den anderen. Sie ist die Quelle des Vertrauens. Sie will, dass Du nicht müde wirst, ihrem Weglauf jetzt zu folgen. Denn ohne sie gerätst Du in ein Labyrinth, aus dem es kein Entkommen gibt. Sie nennt Dich ihren Freund, weshalb zauderst Du, sie willkommen zu heißen?

## Reden

Würdest Du begreifen, wie viele Signale Du mit jedem einzelnen Wort aussendest, das Du von Dir gibst, wie vorsichtig wärest Du mit allem, was Du sagst. Denn Worte sind der Ausdruck Deiner Gedanken, welche wiederum die Baumeister Deines Seelenkörpers sind. So ziehst Du mit jedem Worte Energien an, die, ob Du es willst oder nicht, in Deinem Leben wirksam werden.

Wie viel Glück und wie viel Leid sind alleine in Deinem Leben durch gesprochene Worte entstanden! Haben sie dazu beigetragen, dass Du deshalb Deine Worte bedächtiger wählst?

Und hast Du dadurch gelernt, Dein Ohr zu schärfen für die gesprochenen Worte anderer? Sei Dir Deiner Sprache bewusst und gegenwärtig. Du selbst bist es, der eben jetzt damit sein Schicksal formt.

## Reichtum

Es ist ein Fehlurteil der Menschen, dass Reichtum und Glück sich gegenseitig ausschlössen. Zwar kann nicht jeder Reiche glücklich sein, doch auch nicht jeder Glückliche ist arm. Reichtum gehöre in Dein Haus und nicht in Dein Herz, sagt man und das ist richtig. Aber wie hältst Du's mit der Armut dann? Du wirst kaum sagen, sie gehöre in Dein Haus nicht, dafür aber in Dein Herz!

Wenn Reichtum oder Armut Deine Seele belasten, dann gleichen Sie sich und fördern Dein Leid. Willst Du frei von beiden werden, dann sieh die Kraft, die beide bestimmt und mach sie Dir zu Nutze: Mit der einen kannst Du helfen, mit der anderen Demut schaffen. Ist der Reiche voller Demut und der Demütige reich, ist der Mensch vollendet. Doch verstehe uns nicht falsch: Wir haben nicht von Geld gesprochen, sondern von jenem Schatz, der in Dir liegt.

## Reinheit

Deinen Körper pflegst Du, aber Deine Seele? Weshalb trachtest Du nicht auch, dass sie ebenso wohl duftet? Meinst Du, sie hätte keinen Balsam nötig? Je reiner Deine Seele, um so reiner auch Dein Körper – das Umgekehrte hat leider keine Gültigkeit. Eine reine Seele wird Dir helfen, die Gefahr zu meistern, den Schurken zu besiegen, das Unglück zu vermeiden.

Reinheit zieht den Schmutz an, aber nicht, damit er auf ihr liegen bliebe. Sie ruft ihn zu sich, um ihn in Reinheit zu verwandeln.

## Reinkarnation

Warum suchst Du so beharrlich nach dem, was Du in früheren Leben gewesen bist?

Schau Dich an, schau Dein Leben an. Darin spiegelt sich alles, was Du jemals warst, und alles, was Du jemals getan hast.

Alle Talente, die Du jemals hattest, sind in Dir gespeichert, alles Wissen, das Du Dir angeeignet hast, ist über Dein Überbewusstsein abrufbar.

Du bist, als Du geboren wurdest, als Deine Seele wieder in einem Körper Verwirklichung suchte, über die Schwelle des Hüters gegangen, über eine Grenze zwischen dem Immateriellen und Materiellen.

Mit dem Eintreten in den Körper hast Du die Bedingungen der Materie akzeptiert. Dazu gehört auch das Vergessen. Dieses Vergessen ist eine Gnade und hat einen tiefen Sinn: Du sollst Dich ganz auf Dein jetziges Leben konzentrieren können und alle Möglichkeiten haben, Deinen freien Willen ausleben zu können. Wenn es der Reife und der Bestimmung eines

Menschen entspricht, dann ist es möglich, ihn gewisse Zusammenhänge erkennen zu lassen.

Vor allem in den ersten sieben Lebensjahren des Kindes kann ein guter Beobachter viele Hinweise auf frühere Existenzen erkennen. Vorlieben, Talente, Abneigungen, Ängste und Verhaltensformen geben Aufschluss über schon früher gepflegte Lebensgewohnheiten, welche nun in scheinbar neuer und entsprechender Umgebung Erlösung und Verwirklichung finden sollen.

## Religion

Hinter jeder Religion, die bestrebt ist, den Glauben an Gott zu organisieren, steht das Bedürfnis nach Macht.

Um Gott zu finden bedarf es keiner Religion, sondern nur Deines Vertrauens und des festen Willens, den Gesetzen Deiner inneren Wahrheit und Führung folgen zu wollen.

Dann wirst Du Gleichgesinnte treffen, die in Freiheit und geistiger Reinheit Dir helfen werden, den rechten Weg zur Rückbindung zu beschreiten.

## Resignation

Jede Resignation ist ein kleiner Tod der Seele.

Lerne loszulassen ohne Bitterkeit und erkenne, dass dieser freiwillige Verzicht kein Verlust ist, sondern vielmehr die Wahl eines neuen, besseren Weges.

## Reue

Gäbe es die Strafe nicht, so gäbe es keine Reue. Gäbe es die Einsicht nicht, so gäbe es kein Gesetz. Noch bedarfst Du beider. Wenn sich aber dereinst Dein Weg vollendet, wirst Du sehen, wie schön das Dasein ohne Reue und Strafe ist. Weshalb versuchst Du also nicht schon jetzt so zu werden, dass Du ohne beide leben kannst? Wenn es für wahre Reue niemals zu spät ist, dann ist es für ein wahres Leben niemals zu früh.

## Ruf

Ohne den schlechten Ruf anderer gäbe es Deinen guten Ruf nicht. Hilfst Du ihnen aber, aus ihrem schlechten Ruf einen guten zu machen, vergrößert sich der Deine noch.

## Ruhe

Wenn der Wind sich schlafen legt, herrscht noch lange keine Ruhe.

Wenn Du die Ruhe suchst, dann bleibst Du lange wach. Wenn die Wogen sich besänftigen, bewegt sich weiterhin das Meer.

Nur wer die Ruhe in sich selber schafft, der weiß, was wahrer Friede ist.

## Ruhm

Willst Du glücklich sein oder Deinen Ruhm genießen? Meinst Du gar, ohne Ruhm nicht glücklich sein zu können? Wisse, dass der Ruhm nur einsam macht und die Einsamkeit kein Glück erzeugt. Tust Du Gutes, wirst Du ohnedies unsterblich und bist auch selten mehr allein. Aber tu das Gute im Verborgenen, sonst holt der Ruhm im Leben Dich noch ein und lässt Dir keine Zeit, noch weiter Gutes zu vollbringen.

# S

## Schatz

Der größte Schatz, den es zu finden gilt, ist die Liebe.

Die Liebe aber ist das Leben. Deshalb ist der größte Schatz das Leben. Doch muss dieser Schatz gefunden werden? Nein. Denn er ist überall. Wohin Du auch blickst, Du entdeckst einen Schatz. Wie kannst Du Dich da »arm« nennen? Du bist reich, unermesslich reich.

## Schicksal

Warum habt Ihr diesem Wort so einen bitteren Unterton beigefügt?

Heißt es doch nichts anderes, als dass Du geschickt wurdest in einen Heilungs- oder Reifungsprozess, den Du täglich mitgestalten kannst.

Schicksal ist kein unerbittlicher Ablauf vorherbestimmter Vorkommnisse, sondern die vollkommene Entsprechung Deines eigenen Verhaltens.

Denke immer daran, dass Deine Worte, Gedanken und Taten die Baumeister Deines Schicksals sind, und beginne, Dein Bewusstsein danach auszurichten, zu jeder Stunde Deines Lebens.

# Schlaf

Gehe sorgsam um mit dem kleinen Bruder des Todes. Denn er gewährt Deinem Körper die Erholung, die er braucht, um Dir zur Verwirklichung Deiner Taten zu verhelfen.

Dein Schlaf ist die Zeit, in der wir am intensivsten mit Deiner Seele in Verbindung treten, um ihr Kraft, Vertrauen und Klärung zu vermitteln. Deine Träume sind nur eine Erinnerung an diese Vorgänge. die sich jenseits Deines körperlichen Bewusstseins abspielen. Doch sie sind vermischt mit den Erfahrungen und Erlebnissen, die Dich gezeichnet habe. So ist nicht jeder Traum die eindeutige und verständliche Spiegelung Deiner während des Schlafes stattfindenden Erfahrungen, jedoch immer eine den Bedürfnissen Deiner momentanen seelischen Lage angepassten Bilderfolge, die von Deiner Seele immer verstanden und umgesetzt wird, ob Du Dich bewusst erinnerst oder nicht. So gib Deiner Seele diese Zeit der Erholung, die sie so dringend braucht wie der Körper das Wasser, und bedenke wohl, mit wem Du diese Stunden der Erholung teilen willst. Denn nie fallen die Grenzen Deines Ichs mehr als in dieser nächtlichen Zeit.

## Schlaflosigkeit

Schlaflosigkeit ist nichts anderes als die Angst vor dem Verlust von Kontrolle, die Angst, das Wach-Sein loszulassen.

Menschen, die nicht bewusst leben, haben Schwierigkeiten, sich dem Schlaf hinzugeben. Je klarer eine Grenze ist, desto bewusster kann sie überschritten werden.

Lasse Dich nicht von anderen beherrschen, dann wirst auch Du wieder Herr über Deinen Schlaf werden.

## Schönheit

Wenn Du tief in den Spiegel blickst, wirst Du jene Schönheit entdecken, in der Geist und Materie vollkommen eins geworden sind. Dann wirst Du zum erstenmal Dich selber wahrzunehmen wissen. Der wahre Spiegel aber ist jeder Mensch, den Du innig liebst.

## Schuld

Würdest Du Dich schuldig fühlen, wenn nicht ein Richter in Dir säße? Würdest Du Deinen Fehler bekennen, wenn dieser Richter Dich bestrafen wollte? Dein Gewissen ist Dein Richter und Du kannst ihm nicht entkommen, wohin auch gern Du fliehen magst.

Die Gesetze sind verschieden, doch die Schuld ist überall sich gleich. Reue kann sie lindern, ungeschehen machen kann sie nichts.

## Schwermut

In Deinen einsamsten, schwersten Stunden begegnest Du Dir selbst. Dies ist die Zeit, in der Du beginnen solltest, freudig mit Dir selbst zu sein. Denn wie oft hast Du Gelegenheit, zu erfahren, wer Du bist? Wie oft verstellt das laute Leben Deinen Blick und führt Dich wohin es will, nur nicht zu Deinem Inneren? Lerne die Stunden des Schmerzes zu achten und höre auf ihre Botschaft: »Wir meinen Dich«, sagen sie, »Dich, weil Du uns würdig erscheinst, die Herausforderungen anzunehmen. Wir vertrauen Dir, dass Du diese Aufgabe bewältigst. Du hast die Kraft, die Schwierigkeiten rasch zu überwinden. Wir sandten Dir Dein Los, damit Du tiefer sehen lernst. Das Licht, das Du jetzt wahrnimmst, aber ist nur ein Schein von dem, das Dir in Zukunft leuchtet.«

## Seele

»Unruhig ist mein Herz, bis es ruhet in Dir …« Du hast sicher verstanden, dass damit Deine Seele gemeint ist, die Trägerin Deiner Gefühle, Ängste und Hoffnungen ist.

Ihr sagt, dass die Seele unsterblich ist, aber wisst dabei nicht genau, wovon ihr eigentlich sprecht.

Die Seele ist die individuelle, durch viele Daseinsformen geprägte Verbindung zwischen dem universellen Geist und der Materie, die ihr Körper nennt. Über die Seele habt ihr die Möglichkeit zu lernen, zu erfahren, zu reifen und Eure falschen Wünsche aufzulösen, um dereinst zurückkehren zu können in des Universums unendlichen Geist. Dies kann aber erst geschehen, wenn Ihr bereit seid erlöst zu werden, um Teil des Ganzen zu werden. Dieses tiefe Geheimnis kannst Du erfahren, wenn Du das begreifst, was am Anfang zu lesen war: »Unruhig ist mein Herz …«

## Seelenpartner

Ja, es gibt Möglichkeiten, die Zusammengehörigkeit von Seelenpartnern festzustellen.

Eine dieser Möglichkeiten ist das vollendete Lesen eines astrologischen Kosmogramms, eine andere würde sich aus der Aufschlüsselung des individuellen genetischen Codes ergeben. Doch das ist ein Geheimnis, das noch lange nicht entschlüsselt ist und leider erst nach einem langen Weg des Missbrauchs entdeckt werden wird.

Seelenpartner sind nicht nur inkarniert, um sich gegenseitig das Leben leichter zu machen. Viele von ihnen verbindet ein persönliches Schicksal oder Karma und so wird das Zusammentreffen nicht immer freudvoll und friedlich, doch immer von einer gewissen Lehrerfahrung begleitet sein.

Natürlich gibt es auch Eheschließungen zwischen Seelenpartnern, doch das ist nicht die Regel, denn Partnerwahl ist vor allem eine Prüfung.

Doch eines können wir Dir mit Sicherheit sagen: In Momenten der größten Not wird es immer ein Seelenpartner sein, der, manchmal scheinbar aus dem Nichts auftauchend, Dir zur Seite stehen wird.

## Sehnsucht

Gib Deiner Sehnsucht zuerst einen Namen und dann eine Heimat.

So wird Deine Sucht zur Ruhe kommen und Dein Sehnen zum Bewusstsein werden.

## Selbsterkenntnis

Willst Du die Menschen verstehen, musst Du Dich selbst erkennen.

Willst Du Dich selbst erkennen, musst Du die Menschen verstehen.

Willst Du die Menschen verstehen, dann achte auf ihre Taten.

Willst Du auf ihre Taten achten, dann achte auf Dein Wissen.

Willst Du Dein Wissen erkennen, dann merkst Du, dass es Dir entgleitet.

Wenn es Dir entglitten ist, dann bist Du bei Dir selbst.

## Selbstmord

Gott straft nicht und er belohnt nicht.

So wird auch Dich niemand bestrafen, wenn Du Dir das Leben nimmst. Aber es wird Dich auch keiner dafür belohnen. Doch sage eins: Wem sollte Dein Entschluss, aus dem Leben zu scheiden, nutzen?

Du selbst hast dieses Dasein gewollt, Du selbst hast Dein Schicksal gewählt und gestaltet und Du selbst musst es zu Ende führen. So kann ein Selbstmord nur das Aufschieben, nicht aber das Aufheben eines bestimmten Ablaufes sein. Zuletzt wirst Du erkennen müssen, dass Du kostbare Energien vertan und nichts gewonnen hast.

Wie können wir Dir erkennbar machen, dass Dein Ruf niemals ungehört sein wird?

Bedenke, dass Selbstmord eine Kapitulation vor der Macht der Dunkelheit ist. Wehre Dich! Wir sind mit Dir.

## Selbst-Tötung

Auch die Tötung des Selbst ist ein Akt des Freien Willens, wenn auch ein Verzweiflungsakt, der aus einer Störung der Aura und der Chakren herrührt. Schon oft haben wir Euch gesagt, dass die Angst die zersetzendste aller Gedankenenergien ist. Die Aura wird durchlässig wie ein mottenzerfressener Mantel, die von den Chakren erzeugte Energie kann den Mangel nicht mehr ausgleichen und im nötigen Maße ersetzen: Der Mensch wird wehrlos. Ein Gefühl der Lähmung kommt auf. Bekommt der Angegriffene keine Hilfestellung, ist er Mächten der Vernichtung ausgeliefert, die Ihr nicht als negativ ansehen dürft, sondern die nichts anderes tun, als nicht existenzfähige Organismen zu eliminieren.

Die Schuld besteht nicht nur im Akt der Selbst-Tötung, sondern im Zulassen des Überhandnehmens der Triebe. Drogensucht, Alkoholismus und missbräuchliche Verwendung konzentrierter Energien (gemeint ist Magie) sind Zeichen, welche die Unfähigkeit eines Menschen signalisieren, sein Lebensprogramm im geplanten Ablauf weiter durchzuführen. Es sind die vorher genannten Abläufe, welche den Zustand dieser Zersetzung bewirkt haben. Die Selbst-Tötung ist nur die Folge.

## Selbstüberwindung

Wenn Du verziehen hast, ohne dass Dir jemand dafür dankt; wenn Du verzichtest hast, ganz ohne Anerkennung; wenn Du entschieden hast und keiner Deine Haltung mehr versteht – dann bist Du über Dich hinausgewachsen, bist mehr geworden, hast an Sein und Sinn gewonnen.

Fühlst Du, wie Du Dich verändert hast? Merkst Du, dass Du weiter bist als kurz zuvor? Nur wer in der Lage ist, sein Selbst zu überwinden, wird fähig sein, es zu finden.

## Selbstsucht

Es kann der Sinn nicht sein, dass Du die Mitte bist, um die sich alles dreht. Du bist ein Teil von ihr, doch nicht sie selbst. Und wenn Du leiden solltest unter anderer Selbstsucht, so suche sie zu fragen, ob die Erde einzig um sich selber kreist.

Wie die Erde, so auch Du: Sei fest in Deiner Mitte, kreise hin und her, doch vergiss niemals die größere Bahn, auf der Du ein größeres Sein umschwebst.

## Sinnlichkeit

Ohne Deine Sinne wärest Du verloren.

Ohne Deine Sinnlichkeit geschäh's Dir ebenso. Nur achte, dass der Abstand zwischen Deinem Geist und Deiner Sinnenfreude nicht allzu mächtig wird.

## Sorgen

Noch schlimmer als die Sorgen selbst ist Deine Furcht vor ihnen. Fürchtet die Blume, dass sie morgen verblüht? Hat der Baum Angst vor dem nahen Winter? Nein, sie wissen, dass das Schwere vergeht und alles Schöne wiederkehrt. Wenn Du Deine Angst besiegst, wirst Du wissen, dass nichts bleibt wie es ist. So wird auch der Grund Deiner Sorgen sich verändern und Deine Sorge sich auflösen.

Besorge Dich also um die Dinge Deines Lebens, doch verharre nicht in ewiger Sorge um sie. Denn wisse, Du bist umsorgt von einer höheren Macht, die unablässig um Dich Sorge trägt.

## Spiel

Du spielst, um zu gewinnen.

Doch erst wenn Du spielst, um das Verlieren zu lernen, hast Du gewonnen.

## Sterbehilfe

Ein vorzeitig beendetes Programm ist und bleibt ein Programm, das in einer anderen Existenz nachgeholt werden muss. Aufgeschoben ist nicht aufgehoben. Derjenige, der sogenannte Sterbehilfe leistet, nimmt große Verantwortung auf sich. Kein Eingriff in einen natürlichen schicksalsmäßigen Ablauf kann als legitim bezeichnet werden. Keiner, dem Sterbehilfe geleistet wurde, wird sich im Jenseits bei seinem Sterbehelfer bedanken. Es wäre besser, den Betroffenen das Leid zu erleichtern und ihnen vor allem den tiefen Sinn ihres Zustandes verständlich zu machen. Das wäre die wahre Sterbehilfe.

## Stolz

Sei stolz darauf, dass Du den Weg ins Leben gefunden hast.

Sei stolz darauf, dass Du andere glücklich machen kannst.

Sei stolz darauf, dass Du einen freien Willen hast und ihn verwenden kannst nach eigenem Ermessen.

Sei stolz darauf, dass Du lebst und Leben weitergeben kannst.

Sei stolz darauf, dass Du an einem großen Plan mitwirken darfst.

Jede andere Art von Stolz ist lächerlich.

## Strafe

Jede Strafe ist die Folge einer Tat. Jede Strafe gibt Dir die Chance, eine missglückte Tat zu korrigieren.

So nimm die Strafe mit Würde auf Dich. Doch solltest Du selbst derjenige sein, der strafen will, dann überlege, ob Du statt dessen nicht lieber trösten solltest.

## Sünde

Jede Sünde ist eine Verfehlung gegen Dein eigenes innerstes Begehren, vollkommen zu werden. So versündigst Du Dich also gegen Dich selbst. Quäle Dich jedoch nicht mit Selbstvorwürfen, sondern sage: Es ist mir geschehen, ich habe erkannt, es soll mir nicht wieder geschehen. So wird der Sünde die Macht genommen, durch Dich weiter in dieser Welt zu wirken.

# Sympathie

Lass Dein Herz entscheiden und nicht den harten Verstand, ob Du einen Menschen annimmst oder seine Sache verwirfst. Sei dem Kinde gleich, das vom ersten Anblick für sich weiß, wer ihm Gutes will und wer ihm schadet. Sei den Tieren ähnlich, die gar nicht überlegen müssen, ob dieser ein Freund sei und jener ein Feind. Wenn Du Dein Herz entscheiden lässt, fällt die Entscheidung in Dir selbst. Überlässt Du diesen Vorgang nur Deinem Verstand, so wird sie sich nach Äußerlichkeiten richten und deswegen nicht von Dauer sein.

T

## Täuschung

Du versuchst andere zu täuschen?

Wir sagen Dir, Du wirst enttäuscht werden.

Du lässt Dich von anderen täuschen?

Wir sagen Dir, du wirst enttäuscht werden.

Beende das Täuschen und Du wirst Platz schaffen für die ungetäuschte Erkenntnis.

## Talent

Bist Du mit einem Talent gesegnet, dann bringe es zur Meisterschaft. Lässt Du es verkümmern, verstößt Du gegen die Natur. Denn wozu wohl hat sie Dich mit ihm ausgestattet? Versteckst Du aber Deinen Schmuck, um ihn nur gelegentlich anzusehen, dann wirst Du bald vergessen, wo Du ihn aufbewahrt hast. Und schon ist Dein Talent dem Vergessen anheim gegeben. Wäre es da nicht besser, die Arbeit am Talent vorzuziehen, um die Meisterschaft zu erreichen?

## Tapferkeit

Tapferkeit ist vollendeter Mut, der Mut, aus Deinem Leben das zu machen, was Deine Bestimmung ist. Die Suche nach Deiner Bestimmung wird Deine ganze

Kraft fordern und Dein Mut wird an der Überwindung der Widerstände wachsen. Ausdauer und Vertrauen sollen die Grundpfeiler Deiner Entschlossenheit sein, Dein Leben in Unabhängigkeit und Verantwortung zu gestalten. So wirst Du zum Verwalter Deines Schicksals werden, den die Gunst der Götter begleitet, denn nichts lieben sie mehr als den, der unbeirrt seinen Weg geht, seinen Auftrag vollendet und in Tapferkeit sich seinem Geschick stellt.

## Tatkraft

Gott hat Dir Kraft zum Tun geschenkt. Setzt Du sie für die richtigen Ziele ein? Weißt Du überhaupt, was diese Ziele sind?

Einander zu lieben, einander zu helfen, einander zu verstehen, füreinander da zu sein.

Weshalb setzt Du Deine Kraft lieber für Unwesentliches ein? Gibt es nichts, wofür sich auch Dein Leben lohnen würde? Finde es heraus und setze es mit all Deiner Kraft in die Tat um.

## Tod

Wenn Ihr begreifen würdet, dass Eure Heimat die geistige Welt ist und Euer Dasein auf der Erde nur ein begrenzter Teil Eurer Existenz ist, so wären Eure Angst und Euer Schmerz geringer. Der Tod stellt keine Bedrohung dar und ist kein Feind. Er ist nur die Beendigung eines Abschnitts Eurer inneren Entwicklung. Ihr hängt am Leben und das ist gut so, denn es ist ein kostbares Geschenk. Doch jeder von Euch hat mit der Geburt auch den Tod ins Lebens gebracht, so wie jeder Tod in sich die Wiedergeburt trägt.

Die Jahreszeiten leben Euch den Kreislauf vor und sie tun es so selbstverständlich, wie Ihr sie auch selbstverständlich miterlebt. Der Tod ist keine ewige Vernichtung und Ihr geht Euch niemals verloren, genauso wenig, wie die Wurzel des Baumes verloren geht, der im Winter die Blätter verliert.

Trauert, wenn der Tod Euch von geliebten Menschen trennt, aber verzweifelt nicht, denn Ihr seid nicht wirklich getrennt. Und wenn der Tod sich Dir selber naht, dann nimm ihn an als freundlichen Wegbegleiter in die Heimat. Und Dein Heimgang wird sanft und ohne Schmerz sein.

## Toleranz

Manche sagen, Toleranz sei Bequemlichkeit. Als könne eine reine Seele bequem sein! Wir meinen, dass Toleranz Freiheit bedeutet. Deine Freiheit. Aber diese ist immer auch die Freiheit der anderen. Und je freier Du bist, um so mehr Freiheit gewährst Du ihnen.

Wenn Du also tolerant sein willst, sieh zu, dass niemand abhängig ist von Dir. Nimm ihn so an, wie er ist. Das gleiche gilt ebenso natürlich umgekehrt.

Versuche jeden so anzunehmen wie Du von ihm angenommen sein möchtest. Denn ist es nicht so, dass Du – trotz aller Unterschiede – eins mit ihm bist? Ihr lebt von derselben Quelle und diese Quelle ist mehr als tolerant mit Euch.

## Trauer

Trauer ist der Schmerz über die Vergänglichkeit von Materie, die der Geist ins Leben gerufen hat.

Doch letztendlich trauerst Du nur darum, dass Du selbst noch immer in der materiellen Welt verhaftet bist, während sich der andere schon in einer Freiheit befindet, die für Dich noch nicht erreichbar ist.

So belaste den Befreiten nicht mit Deinen Trauergedanken, sondern freue Dich für ihn, denn er hat sein Ziel erreicht, das doch zuletzt auch Dein Ziel sein wird.

## Traum

Der Traum gehört nur Dir. Nur Du alleine kannst ihn träumen. Oder ist es eher so, dass er Dich träumt? Die innere Welt, in die Du beim Traume Einzug hältst, ist genauso wirklich wie die äußere. Nur dass in ihr die Dinge nicht mehr Materie sind, sondern Geist. Wenn diese Wirklichkeit jedoch genauso existiert wie jene andere, warum leugnest Du noch länger, dass sich hinter dieser Welt die Unendlichkeit Deines Seins verbirgt? Hier träumst Du Deinen Traum, doch wisse, gleichzeitig träumt er dort Dich.

## Trennung

Bevor Du Dich dem Schmerz hingibst, den eine Trennung bringen kann, denke darüber nach, ob du von Menschen oder Dingen, die Dir wirklich zugehörig sind, überhaupt jemals getrennt werden kannst. Ist die greifbare Nähe ein Garant für Zugehörigkeit und Dauer?

Jede Trennung bringt eine Zeit des Abwartens mit sich. Sie wird Dir zeigen, welchen Wert und welche Bedeutung die vormals erfahrene Zugehörigkeit hatte.

So sei zuversichtlich in Deiner Trauer.

Denn nichts kann Dir geschehen, das nicht von tiefem Sinn für Dein Erkennen ist.

## Treue

Treu sein heißt, den Morgen zu begrüßen, aber auch die Dunkelheit zu umarmen.

Treu sein heißt, die Sonne wertschätzen, aber auch den Schnee.

Treu sein heißt, das Leben stets zu preisen, aber auch den Tod.

## Trost

Wenn Dein Herz schwer ist, suchst Du Zuspruch beim Freund. Allein, was sollte er Dir raten, was Du ohnedies nicht längst schon weißt? Weshalb erwartest Du die Rettung stets von außen, wo sie doch in Dir selbst nur liegen kann?

Ist es wirklich nötig, Dein Unglück jetzt zu teilen? Meinst Du, es wird weniger, wenn Du es lautbar machst? Ach, wir verstehen Dich: Geteiltes Leid heißt halbes Leid, hast Du gelernt. Demnach ist geteilte Freude halbe Freude? Siehst Du, sie ist es nicht, denn geteilte Freude verdoppelt sich.

Wenn Dein Herz glaubt, das Leid nicht mehr ertragen zu können, beginne Dich allein zu trösten, verwandle Deinen Kummer in Zuversicht. Dann erst geh zum Freunde und lass die Freude über Dein Wachstum doppelt sein. So findest Du den wahren Trost.

U

## Übel

Ohne das Übel könnten wir das Gute nicht erkennen. Doch gilt dies auch umgekehrt? Könnten wir ohne das Gute das Übel nicht erkennen?

Braucht die Medaille wirklich zwei Seiten? Kann nicht auf jeder dasselbe stehen?

Wir meinen: In der Überwindung der Gegensätze liegt die Zukunft. Das Gute ist das Gute auch ohne das Übel. Weshalb?

Weil es zum Guten keine Alternative gibt!

## Undankbarkeit

Grämt es Dich, wenn einer das Gute mit dem Bösen vergilt und Liebe mit Hass? Nun, dann sei nicht undankbar und vergelte das Böse mit Gutem und den Hass mit all Deiner Liebe. So wird die Undankbarkeit des anderen Dein Gewinn sein.

Doch wirst Du der eigenen Undankbarkeit gewahr, so wandle sie in Liebe. So wird Dein Mangel durch Deine eigene Erkenntnis Dich fähig machen zum Dank zur rechten Zeit.

## Unglück

Wie können wir von Unglück sprechen, ohne das Glück zu erwähnen? Beide gehören zu den Gezeiten des Lebens und sind Ausdruck der Polaritäten, die notwendig sind, um die Ganzheit zu erkennen. Das Unglück wie das Glück sind Meere, in denen Ihr lernen sollt, zu schwimmen ohne zu ertrinken.

Wir sind an Deiner Seite. Wie kannst Du da verzagen?

## Unschuld

Höre mit dem Herzen! Sieh mit dem Verstand! Fühle mit dem Geist! Dann bewahrst Du jenen Zustand, der Dir das Glück beschert, Dich dem Feuer gleich zum Himmel zu erheben. Die Flamme bedarf der Läuterung nicht und Deine Seele breitet ihre Schwingen aus und lässt sich vom Geiste nach oben tragen. Dort wartet das Herz der Sonne, auf dass Du Dich mit ihm vereinst.

## Unsterblichkeit

Hättet Ihr wirklich verstanden, was die Unsterblichkeit für Euch bedeutet, so hättet Ihr keine Angst vor dem Tod.

Denke darüber nach, dass nur die unsichtbaren Dinge unsterblich sind und dass nichts, was jemals im geistigen Bereich erschaffen wurde und wird, verloren gehen kann.

Du bist ein Kind dieses Geistes.

Du bist unsterblich.

So ist das ewige Gesetz.

## Urteilen

Erst wenn Du gelernt hast, Dich selbst zu beurteilen, bist Du reif, ein Urteil über andere zu sprechen. Ansonsten stellt Deine Beurteilung immer nur den Ausdruck Deiner subjektiven Wahrnehmung dar.

Und wenn Du so weit gereift bist, dass Du Dich selbst erkannt hast, dann wird es Dich nicht mehr danach drängen zu beurteilen, wohl aber zu beraten und zu helfen.

# V

## Verachtung

Wir verachten alles, das Leben zerstört.

Wir verachten alles, das Lüge ist.

Wir verachten alles, das Betrug ist.

Wir verachten den, der so handelt, aber nicht.

Wir verachten ihn nicht, weil wir die Gründe kennen, die ihn so handeln ließen.

Und wir versuchen alles, ihm zu helfen, seine Verachtung dem Leben gegenüber aufzugeben.

## Verbrechen

Jeder, der seinem Nächsten an Leib und Seele wissentlich Schaden zufügt, ist ein Verbrecher. Doch nicht immer ist der, an dessen Händen Blut klebt, der größte Verbrecher, sondern der, welcher ihn angestiftet hat. Aber nicht nur dieser, sondern auch der, welcher stillschweigend das Verbrechen geduldet hat, wird Schuld tragen in Ewigkeit.

## Vergänglichkeit

Alles, was Du mit Händen angreifen kannst, ist vergänglich. Bedenke dies, bevor Du Dich an Vergängliches bindest. Denn je mehr Du davon um Dich herum versammelst, desto schwerer wird es für Dich werden, Dich wieder davon zu trennen.

Du bist eingebunden in einen ewigen Kreislauf von Werden und Vergehen. Nur dieser ist unvergänglich.

## Vergangenheit

Deine Vergangenheit ist das Spiegelbild Deiner Zukunft, Deine Zukunft das Ergebnis Deiner Vergangenheit. Hänge nicht an ihr und trauerte ihr nicht nach, doch verwende sie, um Dein Leben bewusst zu gestalten.

Erkenne, dass die Verankerungen Deiner Gewohnheiten in Deiner Vergangenheit zu finden sind und sie Deine Schritte in die Zukunft erleichtern oder erschweren können. So überprüfe die Gewohnheiten Deiner Vergangenheit und erkenne, welche überflüssig geworden sind.

## Vergebung

Wenn Du einen Menschen triffst, der in der Lage ist, zu verstehen, einzusehen, zu verzeihen und zu vergeben, ohne Anerkennung dafür zu erhoffen, dann bist Du dem Göttlichen begegnet.

## Vergnügen

Bist Du auf Erden, um zu leiden oder um Freude zu erfahren? Vergnügt Dich Dein Leben oder schmerzt es Dich? Beides, antwortest Du? Weshalb wagst Du nicht, Dich für das Bessere zu entscheiden? Oder meinst Du, Du wärest hier, um Trauer zu verkünden? Je mehr Vergnügen Du am Leben hast, um so mehr heilst Du die Wunden, die andere Deinem Dasein angetan haben. Lächle und denke an den Winterwald, wie freudig er den Frühling empfängt. Und sei dieser auch noch so weit, so herrscht doch vergnügte Gewissheit, dass er demnächst kommen wird.

## Verleumdung

Verleumdung ist die übelste Form von Gedankenmanipulation, denn sie dient nicht einmal Deinem eigenen Vorteil, sondern nur einem niedrigen Trieb, der Deine Machtgelüste befriedigt.

Wer Freude am Schaden anderer empfinden kann, wird bald an sich selbst und seinem Leben keine Freude mehr haben, denn er wird gemieden werden oder sich mit seinesgleichen zusammenschließen. Zuletzt wird die Isolation das Ergebnis seines Verhaltens sein.

## Verlust

Du kannst nur Dinge verlieren, die Dir nicht zugehörig sind, das heißt, die nicht selbstverständlicher und unersetzbarer Anteil Deiner Existenz sind.

Dein von Dir und Deinem Bewusstsein erzeugtes Energiefeld ist es, das dafür sorgt, dass Dinge auf Dich treffen und auch wieder von Dir gehen. Hadere also nicht mit dem Verlust, denn er öffnet Dir den Platz für das Notwendige.

Du kannst nur Menschen verlieren, die Dir nicht zugehörig sind, das heißt, die nicht selbstverständlicher und unersetzbarer Anteil Deiner Existenz sind.

Wiederum ist es Dein eigenes Energiefeld, das dafür sorgt, das Menschen auf Dich treffen und auch wieder von Dir gehen. Hadere also nicht mit diesem Wechsel, denn er ist kein Verlust, sondern zeigt Dir das Entsprechende.

## Vernunft

Widerspricht es der Vernunft, dass Engel existieren? Gibt es keinen Platz für jene Boten, die von innen kommen und von außen? Müssen Engel Börsenkursen weichen, Zinstabellen und Registern? Heißt Du dies vernünftig?

Oder gibt es etwas, das weit vernünftiger ist als die Vernunft?

Einst, wenn der Schnee getaut ist, wirst Du mit Freuden sehen, was unter ihm zum Blühen kommt.

## Verschwiegenheit

Wer seine Zunge nicht hüten kann, der kann auch seine eigene Seele nicht hüten, denn er hat das Grundgesetz von Verantwortung nicht verstanden. Dieses nämlich lautet: Sei verschwiegen, damit Du anderen nicht schadest, erhebe aber Deine Stimme, wenn Du siehst, dass anderen geschadet wird.

Wer die Geheimnisse der anderen nicht hüten kann, ist ihres Vertrauens nicht würdig. Wer nicht danach strebt, diese Würde zu erlangen, wird sein eigenes Geheimnis nie erfahren.

## Versöhnung

Versöhnung ist die Wiedervereinigung zweier Seelen, deren Schuld es war, nicht erkannt zu haben, dass sie einander lieben.

## Vertrauen

Verwechsle niemals Vertrauen mit Tatenlosigkeit. Gott hilft dem, der entschlossen die Initiative ergreift.

Und was Dein Vertrauen in die Menschen betrifft, so erkenne, dass das Maß Deines Vertrauens, das Du in andere setzt, dem Maß an Vertrauenswürdigkeit entspricht, das in Dir selbst enthalten ist.

## Vollkommenheit

Solange Du Dich nach ihr sehnst, bist Du auf dem rechten Weg. Doch glaubst Du, sie gefunden zu haben, beginnt die Mühe erst. Das Streben nach Vollkommenheit – es adelt Dich. Sobald Du aber prahlst mit ihr, hast Du sie schon verloren.

## Vorsicht

Wenn sie aus der Angst entspringt, ist sie schädlich und erzeugt nur Unglück.

Entspringt sie aber Deiner Überlegung, wird sie nutzen und Dich zum Glück führen.

Nur darf Deine Überlegung selbst nicht wiederum aus Ängsten stammen.

Wenn Du furchtlos Vorsicht übst, wirst Du Dich niemals schämen müssen. Denn dies ist der Weg, um zum Meister der vorausschauenden Ahnung zu werden.

W

## Wachstum

Alles Wachstum hat ein Ende.
Sonst könnte
Nichts
Von Neuem
Beginnen.

## Wahrheit

Wie erkennst Du, was wahr ist und was falsch? Indem Du erkennst, was Deine eigene Wahrheit ist!

Wahrheit findest Du nur innen, denn alles, was Du außen siehst, ist Trugbild, Illusion.

Wenn Du die Wahrheit in Dir lebst, wird auch im Außen Wahrheit entstehen.

## Weisheit

Betrachte die Natur und sieh ihre Weisheit. Willst Du weise werden, dann vermähle Dich mit ihr. Denn sie ist Ausdruck der Weisheit Deines Schöpfers, erschaffen nach dem ewigen Plan des unendlichen Wissens, dem Du selbst entstammst.

Weisheit ist Dein Ursprung.

Kehre zum Ursprung zurück.

## Wille

Dein Wille ist die Gedankenenergie, die Du bewusst einsetzt, um Dein Schicksal zu formen. Je klarer und eindeutiger er ist, desto klarer wird sich zeigen, ob der von Dir gewählte Weg der rechte oder der falsche ist.

Übe Deinen Willen an kleinen Dingen.

Denn wenn Du Großes willst, muss erst im Kleinen Du die Kraft der Beständigkeit erfahren.

Und hast Du diese Kraft erfahren, dann benütze sie niemals, um andere zu unterdrücken. Denn so wirst Du selbst es sein, der die Freiheit seines eigenen Willens beschneidet.

## Wirklichkeit

Wirklich zu sein, heißt zu verstehen, dass nichts notwendig, sondern nur möglich ist. Lässt Du jedoch das Mögliche ins Leben treten, ist es zwar da, aber deshalb noch lange nicht notwendig. Notwendig ist nur der, der das Mögliche möglich macht. Er ist die Wirklichkeit, die die Wirklichkeit ermöglicht.

## Wissen

Was nützt Dir Dein ganzes Wissen, wenn Du es nicht in Leben verwandeln kannst? Was nützt Dir ein Speicher voll Getreide, wenn Du das Backen des Brotes nicht verstehst? Und was nützt Dir die reichste Ernte, wenn Du sie nicht teilen willst?

Das Wissen ist nie für Dich alleine da, es ist zum Weitergeben bestimmt – wie die Liebe.

## Wohltätigkeit

Du tust anderen Gutes und bist stolz darauf?

Das ist Eitelkeit.

Du tust anderen Gutes als wär's das Selbstverständlichste?

Das ist Wohltätigkeit.

Die gute Tat ist wohlgetan. Denn Du wirst ernten, was du gesät hast.

## Worte

Worte sind die Sprache des Geistes.

Die Sprache des Herzens sind Gefühle.

Ein Wort des Gefühls ist mehr wert als ein Buch voll kluger Sätze.

## Wünsche

Sprich drei Wünsche aus.

War einer davon der Wunsch nach Reichtum?

Dann erkenne, dass Du selbst derjenige bist, der Dich reich machen kann.

War ein anderer Wunsch der nach Ruhm und Erfolg?

Dann erkenne, dass es allein an Dir liegt, durch beständige Arbeit dieses zu erlangen.

War Dein letzter Wunsch der nach Gesundheit und Wohlergehen?

Dann erkenne, dass die Reinheit Deiner Gedanken Dich gesund und wohl erhalten wird.

Was also sollst Du Dir wünschen?

Wünsche Dir, dass Du lieben kannst, um ebenso wiedergeliebt zu werden.

## Würde

Deine Würde ist der Schutz Deiner Seele, der Mantel Deines Begehrens, der Schild Deiner Hoffnung.

Lasse niemals zu, dass Deine Würde geschmälert wird durch Käuflichkeit oder Feigheit.

Deine Würde ist Dein ureigenstes Geburtsrecht.

Hüte sie als Deinen höchsten Schatz.

## Wunder

Blicke in den Spiegel und Du wirst das größte Wunder sehen, das je geschaffen wurde.

Blicke in die Natur und Du wirst sehen, dass Du in einer wunderbaren Welt lebst.

Blicke in Dich und Du wirst sehen, dass in Dir alle Wunder des Universums enthalten sind.

# Z

## Zeit

Die Stunde scheint Dir lang, die Stunde scheint Dir kurz; und doch ist es dieselbe Stunde.

Das Leben scheint Dir mühsam, das Leben scheint Dir froh; und doch ist es dasselbe Sein.

Die Ewigkeit erscheint Dir endlos und viel zu weit von Dir entfernt; und doch ist es dieselbe Zeit, die auch Dein Leben nährt. Unendlichkeit liegt nicht dahinter, Unendlichkeit liegt nicht davor; sie liegt in Dir und Deiner Gegenwart.

## Zögern

Erreicht nur der, der nicht zögert, sein Ziel? Oder ist es sogar gut, immer wieder zu zögern? Sinnvoll ist es jedenfalls, zuerst nachzudenken, bevor man ein Ziel in Angriff nimmt. Nicht sinnvoll dagegen ist es, zu viel nachzudenken, denn dann verliert man das Ziel rasch aus den Augen. Es gilt also abzuwägen, wann man zögern sollte und wann nicht.

Niemals zögern aber sollte man, das Gute zu tun.

## Zorn

Was zürnst Du über Dich und über andere?

Weißt Du denn nicht, dass dieses Feuer Dich verbrennt?

Der Zorn bewegt rein nichts und bringt die Einsicht nicht hervor.

Das allein vermag nur Güte.

So zügle Deinen Zorn, denn er ist der Bruder des Hasses, der alles Leid der Welt erzeugt.

## Zufall

Alles, was Dir scheinbar zufällig widerfährt, hast Du selbst heraufbeschworen durch Deine Gedanken, Worte und Werke. Jeder Zufall ist aber auch ein Zeichen dafür, wie wirksam Dein Bewusstsein in dieser Welt sein kann. Achte also auf die Zeichen, denn sie sind Deine Wegweiser.

## Zufriedenheit

Ihr habt aus Zufriedenheit die Bequemlichkeit und Anspruchslosigkeit gemacht.

Die wirkliche Zufriedenheit ist jedoch in der Ruhe und im Frieden Deines Herzens und Deiner Seele zu finden.

## Zukunft

Immer ist sie da, doch immer ist sie fern.

Immer ist sie fern, doch immer ist sie da.

Sie hat kein Ende, denn ist sie da, ist sie Zukunft stets erneut.

Sie kennt auch den Beginn nicht, denn ist er vorbei, ist er schon wieder künftig.

Lebe in der Gegenwart, denn sie ist aus Zukunft und Vergangenheit geschmiedet.

Nur wenn Du gegenwärtig bist, kannst Du nach vorwärts und nach rückwärts blicken.

Nur wenn Du Deine Blicke dorthin richtest, kannst Dein Präsens Du verstehen.

Weshalb wohl besitzest Du der Augen zwei?

## Zukunftsgestaltung

Konzentriere Dich auf das, was Du möchtest. Stelle Dir einfach den Anfang der Geschichte vor und lasse sie wie einen Film vor Deinem geistigen Auge ablaufen, bis Du an einen Punkt gelangst, wo die Bilder stagnieren. Diesen Punkt schau Dir genau an, arbeite ihn genau aus, so dass Du, wenn Dir die Situation später in der Realität begegnet, völlig bewusst reagieren kannst. Wiederhole das Bild so lange, bis Du das Gefühl hast, dass alles bis ins kleinste Detail stimmig ist, und Du wirst sehen, dass sich Deine Lebensumstände in einer

Richtung formieren werden, welche der Erfüllung des Bildes immer näher kommen. Prüfe Deine Wünsche genau, bevor Du sie auf die Reise schickst, und überlege, was für Dich wirklich von Nutzen sein könnte.

Fürchte Dich niemals vor den Bildern, die vor Deinem inneren Auge auftauchen, sondern forme sie mit liebevoller Vorstellungskraft und kritischem Bewusstsein. So werden Erkenntnis und Planung zu Schöpfern einer erfüllten Zukunft werden.

## Zweifel

Betrachte etwas von zwei Standorten aus und Du bekommst zwei Ansichten von ein und derselben Sache. Deswegen bleibt die Sache aber doch dieselbe.

So erkenne, dass Deine Zweifel immer mit der Subjektivität Deiner Beurteilung zu tun haben, und bringe Dich von der Verzweiflung und Zweifelhaftigkeit in die Eindeutigkeit dadurch, dass Du die Dinge zuerst von allen Seiten ruhig beobachtest und dann, wenn sie sich von selbst umfassend gezeigt haben, unzweifelhaft beurteilst.

Die Welt befindet sich in einer geistigen Revolution, in der immer mehr Menschen bewußt wird, daß unser Ziel nicht im Außen, im Materiellen gefunden werden kann. Der Weg nach innen ist geheimnisvoll und ohne Ende. Es ist der Weg der Vollendung. Wenn wir beginnen, das Innen dem Außen gleich zu machen und uns selbst zu finden, dann werden wir auch zur Harmonie von Körper, Geist und Seele zurückkehren. Wer dann aus dieser Harmonie heraus seine Kraft entfaltet, der ist zu dem geworden, als der er gedacht ist: einzigartig und unverwechselbar. Gleichzeitig wird das Dualitätsprinzip überwunden, so daß sich uns völlig neue Dimensionen der Freiheit erschließen.

ISBN 3-404-70160-7

In einer schweren Krisenzeit horchte Wolfgang Müller in tiefer Meditation in sich hinein. Er lernte, auf die innere Stimme zu hören und auf sie zu vertrauen. Ihre wertvollen Botschaften ermutigen uns alle nicht nur in schwierigen Zeiten, sie helfen auch, unseren Blick für uns selbst zu schärfen. Sie zeigen, wie wir Veränderungen in unseren Leben bewirken und Herausforderungen in geistiges und spirituelles Wachstum verwandeln können: Indem wir lernen, mehr auf unsere innere Stimme zu hören. Die Botschaften lesen sich wie tiefe meditative Einstimmungen und können auf erstaunliche Weise die eigene Schwingung erhöhen, um uns unserer Lebensbestimmung näherzubringen.

ISBN 3-404-70164-X

Jeder Mensch erzeugt durch sein Verhalten ein spirituelles Energiefeld, das sich auf ihn selbst beziehungsweise auf seine Umwelt positiv oder negativ auswirkt. Wenn aus den Energiefeldern einzelner Individuen Mischfelder entstehen, tritt jenes »unsichtbare Dritte« auf den Plan, das zu Chaos, aber auch zu Erfüllung und Glück führen kann.
Penny McLean lehrt, wie man – vor allem in der Partnerschaft – das »unsichtbare Dritte« erfährt, es positiv einsetzen kann und somit der Manipulation von innen und außen entgeht. Mit dieser Erkenntnis läßt sich auch mit der Liebe besser umgehen, so daß man die damit verbundenen Ängste und Komplikationen vergessen kann. Es eröffnen sich neue Möglichkeiten des Verstehens und des Vertrauens.

ISBN 3-404-70158-5

BASTEI LÜBBE